景区管理应用型规划教材

景区环境管理

主 编 程葆青

副主编 谢珍真 丁丽卉

中国旅游出版社

前　言

我国旅游业经过"十二五"时期的加速发展，已全面融入国家战略体系，逐渐走向国民经济建设的前沿，成为国民经济战略性支柱产业并已成为拉动地方经济增长的重要动力之一。然而与此相对应的则是旅游业发展中环境恶化、旅游市场秩序混乱以及旅游开发中的无序发展，非可持续发展等问题越来越凸显。

旅游资源和旅游环境质量是旅游业赖以生存和发展的基础。旅游景区环境管理作为旅游景区经营管理的微观管理活动，直接关系到景区利润的获取、旅游者旅游体验的质量以及景区和景区所在区域旅游业的可持续发展。而培养一批具有可持续发展的环境管理理念、环境管理法律意识的管理者与从业者显得尤为重要与迫切。

根据相关理论研究的定义，旅游环境管理，是指运用法律、经济、行政、规划、科技、教育等手段，对一切可能损害旅游环境的行为和活动施加影响，协调旅游发展同环境保护之间的关系，处理国民经济中与旅游相关的各部门、社会集团、企事业单位及个人涉及环境问题的相互关系，使旅游发展既满足游客的需求，又保护旅游资源，防治环境污染和破坏，实现经济效益、社会效益和环境效益的有机统一。从这个定义可知，旅游环境管理实践中最重要的是如何培养管理者和从业者的可持续发展环境管理理念、环境保护的法律意识。而旅游景区环境管理一直是作为旅游景区管理教材的一个章节，所覆盖的内容有限，在实训教学中更是鲜有涉及。

本书正是从这点出发，拓展了景区环境管理的相关内容，覆盖了与景区环境管理相关的各个方面，精心设计了丰富多样的实训活动，力图通过实训，向学习者渗透可持续发展的环境管理理念、环境管理法律意识，为景区输送具有环境管理意识的从业人员。由于景区环境管理实训教学不同于特定服务岗位的技能实训教学，因此在实训教学任务的设计上是一种探索性的尝试。

本书在编写过程中参阅了大量的国内外书刊资料和网络资讯，在此一并致谢。特别感谢上海市旅游协会景点分会会长费振选先生、安徽省黄山市资深旅游人黄志民先生、黄山京黟旅游公司副总裁黄洁女士在本教材编写当中给予的指导与支持。

　　由于编者水平有限，特别是景区环境管理实训教学尚属探索阶段，不当之处在所难免，加之互联网时代旅游产业发展和变化太快，书中一些所涉理论无法及时跟进，敬请专家和广大读者批评指正，以便在今后的教学实践中不断改进。

编者

2016 年 11 月

目 录
CONTENTS

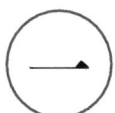

第 一 章

旅游景区环境容量认知

【学习目标】

● **知识目标**

1. 了解环境容量的概念、概念体系及分类，掌握环境容量常用的计算方法：面积容量法、线路容量法、卡口容量法。

2. 了解自然环境容量、人工环境容量和社会环境容量的测算、分析方法，理解景区环境容量的确定原则。

3. 了解景区超载常用的技术手段和应对策略。

4. 了解大数据时代旅游容量科学化管理的发展趋势。

● **能力目标**

1. 学生会采集景区景点容量计算的相关数据资料。

2. 学生能用传统的环境容量计算方法进行景区容量估算。

3. 学生能够掌握游客问卷调查的基本方法和沟通技巧。

4. 学生能够根据景区超载具体问题提出解决的初步方案。

第一节　旅游景区环境容量概念体系认知

在旅游景区、景点的规划和管理中常常用到容量或承载能力这个概念。旅游环境容量和承载力是旅游地理学、旅游环境学、旅游规划学以及旅游管理学关注的焦点问题之一，被称为旅游可持续发展的依据之一，对其的评估和拓展对于实现旅游业的可持续发展具有重要意义。由于它们直接面向旅游环境，因而成为旅游者、旅游资源与环境、旅游景区居民及管理者之间的有效接口。

一、环境容量的概念

环境容量是从生态学中发展而来的，与它相近的一个概念是环境承受力或环境承载力、环境忍耐力。

1838 年，比利时数学生物学家弗胡斯特从马尔萨斯的生物总数增长率出发，认为生物种群在环境中可以利用的食量有一个最大值，动物种群增长也相应地有一个极限值，种群增长越接近这个极限值，增长速度越慢，直到停止增长。这个极限值在生态学中被定义为"环境容量"。

1972 年，米都斯等人在《增长的极限》一书中研究了人口、经济增长与资源、环境的关系问题，确定了"增长的极限"即"环境容量"这一命题。

1968 年，日本学者首先将"环境容量"的概念借用到环境保护科学中来，提出在环境保护领域，环境容量是指在人类生存和自然状态不受危害的前提下某一环境能容纳的某种污染物的最大负荷量。

世界旅游组织在 1978—1979 年度工作计划报告中正式提出了"旅游承载容量"的概念，并且指出发达国家由国内旅游起步转向国际旅游，表现形式为输出和接待并举；发展中国家则由先开展国际旅游再转为国内旅游和国际旅游，故以全方位接待为主，容量矛盾也就突出。从微观来看，有的旅游景区或旅游点片面追求经济效益，置环境容量于不顾；超负荷接待，不进行总量控制，使风景资源和自然环境受到极大破坏，加剧了容量矛盾的尖锐性。

与许多交叉性领域一样，旅游环境容量并没有一个国内外公认的定义，也缺少透彻的理论体系和系统的实证研究。迄今为止，旅游环境容量依然是旅游研究中争议最多的概念之一。环境容量是一个发展的概念，在 100 多年的时间里，人们将它从单一的生态学领域引入很多相关领域，如环境保护、人口问题、土地利用、社会发展、旅游管理等。各个学科在坚持环境容量的基本含义"增长的极限"的同时，也对它在不同的角度和层次上进行了延伸，使环境容量的概念能够在本学科中发挥更大的作用。在旅游学和旅游管理学中，一般认为，旅游环境容量是指在可持续发展的前提下，旅游景区在某一段时间内，其自然环境、人工环境和社会环境所能承受的旅游及相关活动在规模、强度、速度上各极限值的最小值。

二、研究旅游环境容量的意义

一个 8m² 的房间住上一个人，显得比较宽敞，但 8 个人就无法居住了，说明这个房间太小，或者说容量太大。风景区也有同样的道理，进入景区的游人数要和风景区的面积有一个适度的比例，若比例失控，游人过多，拥挤不堪，既满足不了游客的要求，又破坏了环境，这就涉及容量问题。所谓旅游景区环境容量是指在一定的条件下，一定空间和时间范围内，所能容纳游客的数量，简称为容人量，具体可用人/m² 或 m²/人来表示。研究旅游景区环境容量对寻求旅游者的数量与环境规模之间适度的量比关系，确定旅游景区的环境容量具有非常重要的意义。

首先，控制游人容量是一个严格的资源保护措施。在有些旅游景区因自然环境的限制，景区内有制约游人出入的卡口，如狭窄的山路、水洞峡谷等，每天只通过有限的游人，形成了自然限量，如果需要扩大游人量就必须采取措施，改变原有自然资源的形态、结构或景观特色，因此扩大游人量就势必会造成资源的破坏。但是大部分旅游景区不存在固有的卡口，可以接待大量的游人，特别是那些资源价值较高的国家重点旅游景区，以及离大城市较近或交通便捷的热点旅游景区，在旅游季节中经常处于人满为患的状态，无法保持宽松的游览空间和良好的生态环境，管理不当时，还会污染环境、污染景物。因此，为了确保旅游景区能够调节游人的身心健康，保护旅游景区资源应有的功能和效益，就需要限制游人的容量。这种被确定为科学合理的游人容量称作"规定限量"，它的确定是为保护旅游景区资源拉起的一道临界警戒线。

其次，景区环境容量是确定游人规模和建设规模最重要的科学依据。许多景区为了追求旺季的旅游利润，缺少限制游人、控制游人容量的意识。而且有些旅游景点周围地区由于旅游景区的建设与发展，找到了有效的脱贫途径，于是包括国家及个人大规模的投资建设就在旅游景区轰轰烈烈地开展起来，这就是造成了许多旅游景区城市化的主要原因，也被称为"可怕的建设性破坏"。这不仅破坏了旅游景区的生态环境，影响了景观的效果，还因为建设规模往往是随着旅游旺季的游人需要上升而造成了旅游淡季时设施、设备的闲置和浪费，为此，我们就不得不对游人规模进行一些比较深入的研究和探讨，寻求一个合理的建设规模，即必须在游人容量限定内的规模标准。

所以，旅游容量的实际意义主要体现在两个方面：一是在旅游地和旅游点的开发和管理中作为手段，来保护旅游环境免遭退化或破坏；二是作为一种管理工具，在客观上保证旅游者在游览时的旅游质量。计算旅游容量的实际意义则在于给景区提供一个资源合理利用的指标，用于规划或管理时参考，从而便于规划或管理者采取相应的措施，使实际接待量在容量范围之内，以避免出现旅游环境的超载。

三、旅游环境容量概念体系

旅游容量是一个概念体系，主要是指旅游环境容量，但环境的外延包括了自然、社会、文化和经济等诸方面，因此旅游容量包含有许多种具体的容量。保继刚等在1993年根据各种容量的不同属性将旅游容量分为基本容量和非基本容量两大类（表1-1）。杨锐在1996年建立了风景区环境容量概念体系，将环境容量分为自然环境容量、人工环境容量和社会环境容量三大类（表1-2）。而《旅游规划通则》（GB/T 18971—2003）中，根据国内外已有的研究成果，将旅游容量分为空间容量、设施容量、生态容量和社会心理容量四类。

表 1-1　旅游环境容量概念体系（保继刚，1993）

基本容量	从不同的研究角度和不同旅游因素考察旅游容量，属基本因素	旅游心理容量
		旅游资源容量
		旅游生态容量
		旅游经济发展容量
		旅游地地域社会容量
非基本容量	是基本容量的具体化，每种非基本容量都可从多种基本容量去具体考察	旅游合理容量与极限容量
		既有旅游容量与期望旅游容量
		景点、景区、旅游地、区域旅游容量

表 1-2　风景区环境容量概念体系（杨锐，1996）

环境容量概念体系	自然环境容量	生态环境容量	水质及大气质量等对旅游及其相关活动的承受能力
			土壤、地质、植被、野生动物、湿地等生态特征对旅游及其相关活动承受能力
			地震、飓风、泥石流等自然灾害对旅游及其相关活动的限制
		自然环境容量	水资源、土地资源对旅游及其相关活动的承受能力
			自然景观资源敏感性（自然景观资源对旅游及其相关活动承受能力）
			自然能源（如风能、太阳能、潮汐能、波能等）对旅游及其相关活动承受能力 （自然能源承载力对边远风景区开发具有意义）
	人工环境容量	空间环境容量	可游览地区在空间上对旅游及其相关活动的承受能力
		设施环境容量 — 市政设施容量	供水设施对旅游及其相关活动的承受能力
			排水设施对旅游及其相关活动的承受能力
			供电设施对旅游及其相关活动的承受能力
			供气设施对旅游及其相关活动的承受能力
			通信设施对旅游及其相关活动的承受能力
		道路交通设施容量	道路、停车场及机场、码头等对旅游及其相关活动的承受能力
		旅游服务设施容量	住宿设施容量
			其他服务业设施容量 （文化、体育、娱乐设施容量等其他服务设施容量）

续表

环境容量概念体系	社会环境容量	人文环境承载力		文化习俗、历史古迹、大型工程设施等人文景观对旅游及相关活动的承受能力
		经济环境承载力		就业及经济背景对旅游及其相关活动的承受能力
		心理环境承载力	旅游地社会居民承载力	居民对环境及生活方式改变的承受能力
			游客心理承载力	游客审美体验对旅游及其相关活动的承受能力
		管理水平承载力		风景区管理水平对旅游及其相关活动的限制

四、旅游环境容量分类

1. 按照旅游容量的内容划分

旅游容量的内容可分为旅游生态容量、旅游经济容量、旅游资源容量、旅游社会容量、旅游心理容量。其中旅游心理容量涉及游人对景区体验的满意度；生态容量是有效控制环境质量的前提；经济容量是由旅游地经济水平决定的承受游客的最大数量，主要包括与旅游者吃、住、行等相关的旅游设施和相关产业的承载能力；社会容量包括旅游管理水平的承受能力与旅游区附近社区居民人文环境对旅游的承受能力。

旅游生态容量，又称旅游环境容量，是指在一定时间内，旅游地自然生态环境不致退化或恶化的前提下，旅游地所能容纳的旅游活动量，即在对旅游地的土壤、植被、水、野生动物、空气不产生永久性危害前提下所能承受的游客数量。指标包括容人量（人/m²）和容时量（h/景点）。容人量，是指旅游景区单位面积所容纳的游人数，它是旅游景区用地、设施和投资规模在设计时的依据；容时量，是指景区游览所需要的基本时间，它体现了旅游景区的游览内容、布局和建设等。旅游资源越复杂、越含蓄、越有趣味，其容时量就越大；反之则小。一般情况下，景区的空间范围越大，容纳旅游者的能力就越强，实际常采用旅游景区的面积来衡量其容量。

2. 按照旅游容量的规范性划分

按照旅游容量的规范性可分为旅游合理容量、旅游极限容量等。旅游合理容量，也称旅游最适容量、旅游最佳容量，是游客不产生拥挤感或游览活动能正常进行情况下的容量，即旅游景区在综合考虑并满足了景观特质、游览观赏要求、旅游资源保护、经济效益、社会效益等多方面要求的基础上，所能接待的游客的数量。旅游极限容量，也称

最大的旅游容量、饱和旅游容量，指在保证游览安全的情况下，旅游环境空间所能容纳的最多游客数量，超过这个极限，会导致旅游区的吸引力下降，甚至会对整个旅游区环境系统造成无法弥补的破坏。

3. 按照旅游容量的时间尺度划分

按照旅游容量的时间尺度可分为瞬时容量、日旅游容量、季节旅游容量、年旅游容量等。瞬时容量反映的是旅游环境在某一时刻，一次性能够容纳的旅游者数量，是体现游客密度的最小单位。日旅游容量，是指旅游区在一天当中所能承受的旅游活动量。由于旅游具有明显的季节性特征，因此季节旅游容量既可以按照淡旺季来分别衡量，也可以根据旅游区本身的承载特性分别从不同季节加以衡量。年旅游容量，指一个自然年度中旅游区所能够承受的旅游活动量。瞬时容量对于反映一个景区的承载力来说，显得比较微观，参考价值不高；与瞬时容量相比，年容量又显得周期太长，参考价值也不高；相比之下，日环境容量更能在游客密度这个指标上真实地反映出旅游环境的承载力。这一点也可以在《旅游规划通则》（GB/T 18971—2003）（简称《通则》）中体现出来。《通则》中认为，对于一个旅游区来说，日空间容量和日设施容量的测算是最基本的要求。

4. 按照旅游容量的空间尺度划分

按照旅游容量的空间尺度可分为景点容量、景区容量、旅游地容量、旅游区域容量等。

综上所述，旅游容量既是一个客观量值，也是一个心理感受指标；既是一个空间量度，也隐含时间范畴；既是一个独立的可以阐释的实用概念，也是一个必须依据某种尺度背景而建立的相对测量手段。在不同的情况下，旅游容量有着不同的意义，这也反映了旅游容量内涵丰富、结构复杂。

第二节　环境容量测算与实训

一、日空间容量的计算

我国传统的风景区"环境容量"计算主要有面积容量法、线路容量法和卡口容量法三种估算方法。这些计算方法所取得的环境容量数值基本是反映"游览空间"（包括面空间与线空间）对游客的承载能力，即"空间环境容量"。"空间环境容量"是风景区环境容量的一个组成方面，但它并不是风景区环境容量的全部。在旅游发展规划实践中，这几种容量的计算也是比较容易操作的，因此至今仍是被普遍采用的环境容量计算方法。

1. 面积容量法

面积容量是指单位时间内每位游客活动所必需的最小面积。

根据环境心理学原理，个人在从事活动时，对环境在其周围的空间有一定的要求，任何人的进入都会使人感到受侵犯、压抑、拥挤，导致情绪不安、不舒畅，这个空间即是个人空间，也是旅游景区面积容量的依据。在不同的环境中，人对这种个人空间的要求是不同的。

西方一些国家对一些旅游设施设置的标准为：

一般旅馆：$10\sim35m^2$/人

海滨别墅：$15m^2$/人

山区旅馆：$19m^2$/人

餐馆：$24m^2$/人

海滨度假区：$0.1m^2$/人

滑雪场：$0.25m^2$/人

室外电影场：最多1000人/场

夜间俱乐部：最多1000人/处

当然，由于文化、心理、传统等方面的不同，在同一种场合，人的感受会有所不同。例如：在海滩，世界上比较常用的标准是$10\ m^2$/人，日本人对这个标准的满意度为100%，而美国人的满意度只为50%。

日本规定的不同的旅游场所的个人空间及平均滞留时间标准如下：

动物园：$2.5m^2$/人，2.5h

植物园：$300m^2$/人，2.5h

高尔夫球场：$0.2\sim0.3$公顷/人，5h

溜冰场：$25m^2$/人，1.6h

射箭场：$230m^2$/人，2.5h

自行车道：30m/人，2h

徒步旅行：400m/人，3.5h

别墅：$70\sim700m^2$/人，3.5h

世界旅游组织（UNWTO）规定一些娱乐活动场所的容量或承载力标准为（以每公顷接待游人数为单位）：

森林公园：15

郊区自然公园：$15\sim17$

高密度野餐地：$300\sim600$

低密度野餐地：$60\sim200$

体育比赛：$100\sim200$

高尔夫球场：$10\sim15$

垂钓/帆船：$5\sim30$

速度划船：$5\sim10$

滑水：5～10

徒步旅行：40

骑马：25～80

在我国，传统的说法是：城市园林旅游景区每位游客所需的最佳活动面积为 14m²，自然风景区每位游客所需的最佳活动面积为 20 m²。

根据旅游景区的总面积、可游活动面积和设施等条件，运用面积容量计算方法可算出旅游景区在同一时间内的接待能力或饱和量，这个方法适用于游客大面积利用景区或游客停留时间较长的景区，其计算公式为

瞬时空间容量：
$$V = \frac{A}{a} \qquad (1.1)$$

式中：

V——单位时间内旅游景区的接待能力或饱和量

A——旅游景区可游活动面积（m²）

a——每位游人所需活动面积（m²/人）

日空间容量：
$$C = \frac{A}{a} \times D \qquad (1.2)$$

式中：

C——日环境容量（每日旅游景区的接待能力或饱和量），单位为人次；

D——周转率（D = 景点开放时间 T/游完景点所需时间 T_0）。

【例题】某度假区水上游乐项目容量测算：

每位游客划船区面积取 250m²，每日可游时间取 6 小时（早 9—12 点，下午 1—4 点），游人平均游览时间取 1 小时，周转率为 6，该

水上游乐区面积 40000m²，则每日空间容量为：
$$C = 960（人）$$

计算表格示例（表 1-3）：

表 1-3　某景区水上游乐项目空间环境容量计算（面积容量）

游览用地名称	面积（m²）	单位规模指标（m²/人）	瞬时容量（人）	日周转率	日容量（人次）	年可游天数（天）	年容量（万人次）
水上游乐	40000	250	160	6	960	220	21.12

2. 线路容量法

线路容量是指在同一时间内每位游客所必须占有的游览线路长度。

我们知道，在旅游景区内，游客并不是平均分布在可游区域内，而是集中在区内的

游览线路上呈线性运动，这就使游览线路成为人流最集中的区域。因此，仅用面积容量法并不能准确反映旅游景区的接待能力，因为它同时还受到线路容量的限制。

线路容量的大小可视线路的长度、宽度、可行程度或险易程度、线路交通方式、沿线景点的分布状况等情况而定。这是一个比较复杂的变量。

根据景区内供游客游览的游道长度和每位游客需占有的游道长度，计算出同一时间内景区所能接待游客的数量，游客以游道为主进行游览的景区适用线路法进行计算。

线路法分为完全游道法和不完全游道法两种（图1-1），其中完全游道指进出口不在同一位置，不完全游道指进出口在同一位置，游客游至终点必须按原路返回。

完全游道　　　　　　　　　　不完全游道

图1-1　线路法分类

（1）完全游道法：

$$C = \frac{M}{m} \times D \tag{1.3}$$

式中：

C——日环境容量（每日旅游景区的接待能力或饱和量），单位为人次；

M——游道全长，单位：米（m）；

m——每位游客占用合理游道长度，单位：米（m）／人；

D——周转率（D＝景点开放时间 T／游完景点所需时间 T_0）。

【例题】计算某某溪漂流容量：

某某溪漂流全长350m，前后两个漂流艇安全距离10m，每只船可载2人，每日可游时间取9小时（早8点至下午5点），游客平均漂流时间取3小时，周转率为3。则某某溪每日合理容量为：

$$C = 2100（人）$$

计算表格示例（表1-4）：

表1-4　某某溪漂流项目空间环境容量计算表（完全游道法）

游览用地名称	线路长（m）	单位规模指标（m/人）	瞬时容量（人）	日周转率	日容量（人次）	年可游天数（天）	年容量（万人次）
水上漂流	350	10	700	3	2100	220	46.2

（2）不完全游道法：

$$C = \frac{M}{m + (m \times \frac{t_2}{t_1})} \times D \tag{1.4}$$

式中：

C——日环境容量（每日旅游景区的接待能力或饱和量），单位为人次；

M——游道全长，单位：米（m）；

m——每位游客占用合理游道长度，单位：米（m）/人；

t_1——游完全游道所需时间，单位：小时（h）；

t_2——沿游道返回所需时间，单位：小时（h）；

D——周转率（D＝景点开放时间 T／游完景点所需时间 T_0）

用此式计算时，以分为单位，不足30秒舍去，大于30秒算作1分钟。

【例题】某主游道全长4210m，游完全程需2小时53分，原路返回需1小时30分，往返共需4小时23分，平均每天开放时间为9小时，游客距离为7m，计算环境日容量。则根据不完全游道法公式得出环境日容量：

$$C = 812\ 人次$$

计算表格示例（表1-5）：

表1-5　某景区主游道空间容量计算表（不完全游道法）

游览用地名称	景区空间规模（线路长m）	单位规模指标（m/人）	游完全程时间（min）	返回时间（min）	景区每日开放时间（h）	完成一次所需时间（min）	日周转率	日容量（人次）
某景区主游道	4210	7	173	90	9	263	2.05	812

3. 卡口容量法

卡口容量又叫瓶颈容量，它是旅游景区内因交通、景观、游乐等因素构成游客必需的活动"热点"，形成人流集中的"瓶颈"或"卡口"，同时成为环境和资源的脆弱点，控制不当会引起整个旅游景区环境的破坏。

一般来说，旅游景区的核心区或著名的景点周围是人流最集中的地区，在旅游旺季往往形成人流过于集中、负荷过重的局面，给环境造成极大的压力。例如，八达岭长城高峰日游客量可达3万多人，平均每平方米要容纳4~5人，不仅游客无法观景、活动不便、叫苦不迭，而且破坏了长城的环境。西安一次节日仅参观兵马俑博物馆的游人即达5万，出现了"进不去，出不来"的现象。杭州各旅游景点高峰时游人量均超过合理游人密度的10倍。桐庐县"瑶琳仙境"溶洞高峰时日游客量达1.5万人，不但危及旅游环境，妨碍正常观赏游览，而且由于近几年洞内一直处于饱和状态，酸雾污染导致许多晶莹的石钟乳色泽变黑，亿万年造就的自然奇观面临着毁于一旦的危险境地。因此，为切实保护好旅游环境，保证游览质量，旅游景区必须根据实际情况，对重点地段规定出此点（m²/人）或此段（m/人）的最大允许容量作为控制全区容量的标准。

（1）园林、岩洞每天的接待能力：

$$V = \frac{T}{t}n \qquad (1.5)$$

V——园林岩洞每天能接待游客总数；

T——园林岩洞每天开放时间；

t——前后两批游客进入园林、岩洞的间隔时间；

n——每批游客的人数（此项取决于每个游览空间的大小，一般的园林要求每个游客要拥有 14m² 园地面积）。

运用上述公式可计算出每个旅游景区或游览参观点接待游客能力的合理数值。

【例题】桂林市的芦笛岩，每天开放 8 小时，每 10 分钟进一批游客，每批游客 25 人，每天能接持多少游客？

已知：$T = 8 \times 60 = 480$（min）

$t = 10$（min）

$n = 25$（人）

则：

$V = 480/10 \times 25 = 1200$（人）

答：每天能接待 1200 人。

计算列表示例（表1-6）：

表1-6 桂林市的芦笛岩空间环境容量计算（卡口容量）

游览用地名称	每天开放时间（h）	前后两批时间间隔（min）	每批游客数（人）	单位规模指标（m²/人）	日容量（人次）	年可游天数（天）	年容量（万人次）
桂林芦笛岩	8	10	25	14	1200	300	36

（2）江河游览旅程接待游客能力：

$$V = \frac{L}{J}S \cdot n \qquad (1.6)$$

V——江河游览旅程能接待的游客量；

L——江河整个水面游程；

J——前后下水的两条游船之间间隔的距离；

S——每条游船载客的数量；

n——每批可以同时开航的船数。

运用上述公式可以计算出江河旅程接待游客能力的合理数值。

【例题】桂林漓江，从桂林至阳朔的游程为70km，前后两条船的距离以500m计，每条船载客以60人计，江面同时只能开1条船，整个游程能接待多少游客？

已知：$L = 70 \times 1000 = 70000$（m）

$\qquad J = 500$（m）

$\qquad S = 60$（人）

$\qquad n = 1$

则：

$\qquad V = 70000/500 \times 60 \times 1 = 8400$（人）

答：整个游程能接待8400名游客。

计算列表示例（表1-7）：

表1-7 桂林漓江空间环境容量计算（卡口容量法）

游览用地名称	水面游程（km）	前后两船间隔距离（m）	每船游客数（人）	每批船数	每次游程接待人数
桂林漓江	70	500	60	1	8400

二、景区环境容量计算示例（表1-8）

（1）景区景点类型确定。

（2）景点空间容量计算方法确定。

（3）采集相关数据。

（4）用Excel表格完成计算，制作明细表。

表1-8 某森林公园空间环境容量测算明细

游览用地名称	景点类型	景区空间规模（面积m²或线路长m）	单位规模指标（m²/人）或m/人	瞬时容量（人）	景区每日开放时间（h）	完成一次所需时间（h）	日周转率	日容量（人次）	年可游天数（天）	年容量（万人次）
主要游览路线	登山徒步	57000	10	5700	10	6	2	9500	200	190

续表

游览用地名称	景点类型	景区空间规模（面积 m² 或线路长 m）	单位规模指标（m²/人）或 m/人	瞬时容量（人）	景区每日开放时间（h）	完成一次所需时间（h）	日周转率	日容量（人次）	年可游天数（天）	年容量（万人次）
角山长城	登山	5860	10	586	10	6	2	977	200	20
水域游览景区	水上游乐	2090000	1000	2090	10	4	3	5225	200	105
寺庙	观光朝拜	1000	10	100	10	2	5	500	200	10
广场	观光休闲	20000	100	200	10	1	10	2000	200	40
生态园、佛文化园	观光休闲	166700	100	1667	10	2	5	8335	200	167
公园总计（万人）								2.65		530.73

实训 1 景区日空间容量计算实训

一、实训目的

通过实训，学生能够了解面积容量法、线路容量法、卡口容量法计算空间环境容量的一般方法和步骤，初步具备景区日空间容量（最大承载量）计算能力。

二、实训时间

本实训环节共 6 学时 270 分钟，老师讲解 20 分钟，明细表制作 25 分钟，景区资料采集半天（4 学时），数据计算整理总结 1 学时。

三、实训方式

1. 全班分为 5 个小组。

2. 教师辅导学生学习面积容量法、线路容量法、卡口容量法计算空间环境容量的一般方法和步骤，布置景区日空间容量测算任务。

3. 根据景区空间环境容量计算明细表示例，制作日空间容量测算明细表。

4. 选择一景区，考察统计景区内主要景点名称、景点类型，采集景区（景点）相关数据填写在表格内。（提示：景区面积、游道长可以借用百度地图距离量测工具估算）

5. 查相关资料，根据景点类型确定各景点单位规模指标（也称基本空间标准）。

6. 整理数据资料，用 Excel 完成各景点和景区环境容量计算。

7. 写出实训报告：景区景点简介、环境容量公式选择依据、数据汇总表格，实训心得。

四、实训评分

1. 根据学生景点现场数据采集的表现和实训报告进行综合评分。

2. 实行百分制，景区考察数据采集合理，能根据实际景点类型，恰当选择容量计算方式进行测算 80 分，实习报告 20 分。

五、评分表

日空间容量测算实训评分表

组别：＿＿＿＿＿＿　　姓名：＿＿＿＿＿＿　　时间：＿＿＿＿＿＿

项目		标准分	教师评分
景区考察	景区景点资料采集	40	
	景区行为规范	20	
容量计算明细表制作		20	
实训报告		20	
合计得分			

考核时间：　　年　　月　　日　　考评教师（签名）：

第三节　旅游景区环境容量的确定与实训

根据杨锐构建的环境容量体系，旅游景区环境容量确定包括三个方面：自然环境容量、人工环境容量、社会环境容量。

一、自然环境容量

自然环境容量是指旅游景区资源和生态环境的最大允许量，这是旅游供给的主体，又可分为生态容量和资源容量。

1. 生态容量

生态容量包括以下三个方面：

一是水质及大气质量对旅游及其相关活动的承受能力；

二是土壤、地质、植被、野生动物、湿地等生态特征对旅游及其相关活动的承受能力；

三是地震、飓风、泥石流等自然灾害对旅游及其相关活动的限制。

生态容量 = Min（WEC，AEC，SEC，EEC）

Min（ ）——求最小值函数；

WEC——水环境容纳量；

AEC—— 大气容纳量；

SEC——固体废弃物产生的容纳量；

EEC——自然植被（土壤）承纳量。

其中，对无须人工处理而由自然吸收、净化、恢复的自然生态的容量测量为单因子生态容量：

$$SEC_1 = \frac{\sum\limits_{i=1}^{n} S_i T_i}{\sum P_i} \tag{1.7}$$

式中：

S_i——第 i 种污染物自然净化量；

T_i——第 i 种污染物自然净化时间；

P_i——每位旅游者一天内的第 i 种污染物的产出量；

n——为污染物数量。

其中，无须人工处理由自然吸收、净化恢复的自然生态的容量测量，加上人工处理污染物的能力，则环境容纳量为：

$$SEC_2 = \frac{\sum\limits_{i=1}^{n} S_i T_i + \sum Q_i}{\sum P_i} \tag{1.8}$$

式中：

S_i——第 i 种污染物自然净化量；

T_i——第 i 种污染物自然净化时间；

P_i——每位旅游者一天内的第 i 种污染物的产出量；

Q_i——为人工处理污染物 i 的能力；

n——为污染物数量。

2. 资源容量

资源容量也包括三个方面：

一是水资源、土地资源对旅游及其相关活动的承受能力；

二是自然景观资源对旅游及其相关活动的承受能力（也称自然景观资源的敏感性）；

三是自然能源（如风能、太阳能、潮汐能、波能等）对旅游及其相关活动的承受能力（自然能源对于边远地区的旅游开发具有很大的现实意义）。

二、人工环境容量

人工环境容量是指直接或间接为开展旅游活动而开发和建设的人工场所或环境的最大容许量，又包括空间容量和设施容量。对于一个旅游区，日空间容量与设施容量的测算是最基本的要求。

空间容量即可游览地区的空间接待能力。

设施容量包括两个方面：

一是市政设施容量，包括供水、排水、供电、供气、通信等设施对旅游及其相关活动的承受能力；

二是道路交通设施容量，包括道路、停车场、机场、码头等对旅游及其相关活动的承受能力；

三是旅游服务设施容量，包括住宿、文化、体育、娱乐、商业及其他服务设施对旅游及其相关活动的接待或承受能力。

日设施容量的计算方法，与日空间容量基本类似，例如，一个景区影院的座位数为 X_i，日周转率 Y_i，则日设施容量为：

$$C_i = X_i Y_i \qquad (1.9)$$

旅游区日设施容量为

$$C = \sum C_i = \sum (X_i Y_i) \qquad (1.10)$$

【例题】某主题公园部分游乐项目日设施容量计算，飞越极限项目的座位数为 126 个，游乐时间 17 分钟，景区开放时间 10 小时，其日设施容量计算：

$$日周转率\ Y_i = 10 \times 60/17 = 35$$
$$C_i = X_i Y_i = 126 \times 35 = 4447\ （人）$$

计算列表示例（表 1-9）：

表 1-9　某主题公园部分游乐项目设施容量

项目名称	座位数 X_i（个）	循环周期（min）	开放时长（min）	日周转率 Y_i	日设施容量（人）
飞越极限	126	17	600	35	4447
火流星	20	4	630	158	3150
星际航班	100	15	600	40	4000
双层转马	75	7	600	86	6429
太空飞车	14	3	570	190	2660
儿童爬山车	48	4	570	143	6840
海螺湾剧场	320	30	570	19	6080
奇幻摄影棚	356	30	420	14	4984
总计					38590

三、社会环境容量

社会环境容量是一个非常活跃、弹性很大的因素，它的内涵广泛，大可包括一个地区的开放和稳定程度，小可包括旅游景区居民对旅游者的友善态度，还可以包括当地的文化吸引力等。它包括人文环境承载力、经济环境承载力、社会心理环境承受力、管理水平承载力四个方面。

人文环境承载力是指文化习俗、历史古迹、大型工程设施等人文景观对旅游及其相关活动的承受能力。

经济环境承载力是指就业及经济背景对旅游及其相关活动的承受能力。

社会心理环境承受力包括两个方面：

一是当地居民对由于旅游开发而使环境及生活方式发生改变的承受能力；

二是旅游者的审美体验对旅游及其相关活动的承受能力，又称旅游心理容量或旅游感知容量。是游客在某一地域进行旅游时，在不降低活动质量的条件下，地域所能容纳的旅游活动最大量。它充分地从旅游者的角度出发，可以保证旅游者在游览过程中保持良好心态的情况下，满足旅游者的心理接受能力。因为旅游者在游览的过程中对于环绕身边的环境空间都是有一定要求和内心承受力的，而且这也会影响到旅游者对景区的主观评价，对于国家重点保护景区单位来说有着举足轻重的地位和作用。

社会心理容量的主要影响因素是拥挤度。对于它的确定也是一个比较复杂的问题。目前主要有两个模型可以利用：一是满意模型，二是拥挤认识模型。

附：游客满意度调查（表1-10）

由工作人员（两人以上）在旅游区（点）现场向游客发放、回收统一印制的表1-10《旅游景区（点）游客满意度调查表》，汇总游客评分后得出结果。

表1-10　旅游景区（点）游客满意度调查

序号	内容	5分	4分	3分	2分	1分	0分
1	服务设施						
2	游览服务						
3	餐饮购物						
4	环境卫生						
5	安全状况						
6	拥挤认识						
7	综合评价						

游客姓名：　　　　　　　来自地区：　　　　　　　年　　月　　日

表1-10应随机发放，被调查范围原则上不能少于三个旅游团，并注意游客在性别、年龄、职业、地区及消费水平等方面的均衡分布。

管理水平承载力即旅游管理水平决定的承载力，包括游客投诉率、旅游从业人员平均受教育程度、管理体制与旅游发展的适应性、管理方法与旅游发展的同步性等方面。

【拓展阅读】

旅游环境容量的新理论方法——LAC 理论

目前，我国大部分的旅游景区的规划和管理都是采用各种计算方法，得到旅游环境容量数据，以达到资源保护的目的，这一方法有操作简单的特点。但是在实践中，如果仅将环境容量作为一个数字来看，由于环境容量体系的复杂性、游客旅游目的多样性、环境的变化等多方面因素的影响，准确确定环境容量的数据较为困难。LAC 理论正是在对环境承载力概念的继承和对环境容量模型方法的革命性批判中产生的。

1985 年，美国林业局的几位科学家提出了 LAC（Limits of Acceptable Change）理论，用以解决游憩环境容量问题。相对以前简单的单位面积内可容纳的游客数目，LAC 提出的是一种更为科学、全面的观点，将本来就不科学的寻求不存在的固定容量转变为符合实际，具有弹性的可承受范围的一个研究体系。它通常分为以下 9 个实施步骤：

	步骤	具体要求
步骤一	确定特殊价值与关注点	确定资源特征、质量及其特殊价值，确定哪些管理问题是有待解决的，确定当地旅游环境的地域影响力
步骤二	界定和描述旅游机会种类	不同的旅游机会种类，其地域资源特征、游客体验方式等方面存在较大差异。上述各个方面的多样性，要求旅游区的管理方式也应区别对待，但管理目标应与整体目标保持一致
步骤三	选取资源和社会状况的监测指标	指标的选取应遵循下列原则：首先，选取能够代表该区域总体"健康"状况的指标；其次，选取容易测量的指标。另外，某一区域的各方面状况可能用单一指标来描述不够充分，这时候就需要应用各方面要素共同构成的综合性指标
步骤四	调查现有资源和社会状况	主要是调查步骤三中选取的监测指标，使制定指标的标准有了依据
步骤五	确定每一个旅游机会种类的资源和社会状况标准	符合标准，则该地区的资源和社会状况可以接受。一旦超过标准，相应的措施就需要启动，直至具体指标符合标准。步骤四的调查结果会起到重要作用，因为标准必须是可行的，同时应该优于现实状况
步骤六	制订旅游机会类别替代方案	根据步骤一和步骤四的信息，管理者和民众一起研究满足不同旅游机会种类的替代方案

续表

	步骤	具体要求
步骤七	为每一个替代方案确定管理行动计划	管理者和民众需要知道现实状况和理想状况的差距，还要知道要达到理想状况要采取哪些行动，因此，每一个替代方案相同的成本分析是必不可少的。例如，某一替代方案建议进行大规模的植被恢复，以消除现有的影响，使其恢复到理想状态。但庞大的资金压力是不可避免要付出的代价，此时该方案就不可能成为最佳方案
步骤八	评估并选出最佳的替代方案	针对不同替代方案需要付出的代价和利益，可以选出一个最佳方案。各种因素都应该被考虑到，尤其是步骤一所确立的问题和步骤七中的成本
步骤九	实施行动并监控资源与社会状况	主要是对步骤三中确定的指标进行监测，并与步骤五中确定的标准进行对比。如果资源和社会状况没有取得好的进展，甚至有恶化的趋势，那就需要加强管理或实施新的行动

LAC 不把焦点放在游客数量上，直接关注游客带来的影响。游客成分复杂，不可能一概而论，10 个素质不高的游客造成的影响可能正好和 100 个素质较高的游客造成的影响一样，传统容量往往将游客作为一个无差别的群体来研究，几乎不考虑游客的个人因素，研究必然出现偏差。LAC 承认个人素质存在差别，然后致力于观测个人差别所造成的影响。这样的管理方法能够一方面保护旅游地的自然环境，另一方面维护游客的游览体验。

日前，LAC 理论已经广泛运用到国家公园规划和管理中。例如：游客影响管理（Visitor Impact Management——VIM），游客活动管理规划（Visitor Activities Management Plan——VAMP），游客体验与资源保护（Visitor Experience and Resource Protection——VERP）等。

LAC 的关键点在于科学研究是其基础，完整的规划信息系统是其平台，监测机制是其关键。

实训 2　旅游环境容量确定认知实训

一、实训目的

通过实训，学生能够了解景区环境容量的测算原则，了解自然环境容量、人工环境容量、社会环境容量的概念及测算内容。

二、实训要求

1. 注意景区考察时的仪容仪表及行为规范。

2. 注意调查中的游客沟通技巧。

三、实训时间

本实训环节共 6 学时 270 分钟，老师讲解 20 分钟，明细表制作 25 分钟，景区资料采集半天（4 学时），数据计算整理总结 1 学时。

四、实训方式

1. 全班分为 5 个小组

2. 教师辅导学生课前学习旅游环境容量测算相关知识，布置景区环境容量测算任务：任务一，设施容量测算；任务二，游客满意度调查。

3. 根据景区设施环境容量计算明细表示例，制作设施容量测算明细表；根据游客满意度调查表示例，制作游客满意度调查表。

4. 选择实训一中的景区，对景区游乐项目采集设施容量计算所需的相关数据。

5. 选择不同层次、年龄的游客发放游客满意度调查表。

6. 整理数据资料，用 Excel 完成景区调查部分的设施容量计算。

7. 汇总游客满意度调查表。

8. 写出实训报告：景区景点设施容量测算项目简介、数据汇总表格、实训心得。

五、实训评分

1. 根据学生景点现场数据采集的表现和实训报告进行综合评分。

2. 实行百分制，景区考察数据采集及设施容量测算 40 分，游客满意度调查表及汇总 40 分，实习报告 20 分。

六、评分表

环境容量确定实训评分表

组别：_____ 姓名：_____ 时间：_____

项目		标准分	教师评分
设施容量计算	资料采集	20	
	景区行为规范	10	
	容量计算明细表	10	
游客满意度调查	问卷发放	30	
	问卷汇总	10	
实训报告		20	
合计得分			

考核时间：   年   月   日   考评教师（签名）：

第四节　旅游景区解决超载的策略认知与实训

　　每个景区都有其所能承受的最佳客流量，当景区某一时点所接待的游客数量超出了其最佳接待容量，称为旅游超载。需要指出的是，在一些景区偶尔会出现短时期的超载现象，但这种超载不会对景区造成长远危害，可以通过景区的自然调节功能得到恢复。景区旅游超载是旅游业快速发展过程中所产生的必然现象，是由于居民的旅游需求在短时间内集中释放而导致旅游供给不足的结果。从旅游经济学的角度而言，景区旅游超载可以通过调节旅游需求方和供给方的变化来逐步改善，进而达到发展旅游、保护环境、满足居民需求的目标，促进旅游业可持续发展。

一、景区旅游超载现象产生的主要原因

　　（1）城乡居民的可自由支配收入增加和长假制度的实行，为大量居民潜在出游需求转变为现实需求提供了充分的条件。支付能力和闲暇时间是现实旅游需求产生的两个基本条件。一般而言，可自由支配收入越高，旅游支付能力越强。中国 2015 年人均 GDP 5.2 万元人民币（8000 美元），我国城乡居民的收入水平有了较大增长，居民在满足基本生活需要的基础上，不断追求更高层次的需要，外出旅游成为他们最主要的选择，直接引起国内旅游人次总数的快速增长。2006 年，国内旅游总人次数已达 13.94 亿，实现了全国人均出游 1 次的目标，成为世界上最大的国内旅游市场。国家旅游局统计报告，中国 2015 年接待国内旅游人数 41 亿人次。另外，闲暇时间的长短也影响着旅游需求的集中程度。自 1999 年国庆节我国开始实行黄金周制度以来，至今已有 17 个黄金周，长假期间，居民获得了较长的空闲时间，旅游市场需求急剧增长，人们争相奔赴著名的旅游景区，导致一些著名景区超载现象严重。

　　（2）旅游资源的稀缺性和不可再生性，导致我国景区数量增长空间有限，客观上造成旅游供给不足。一方面，旅游资源具有不可替代性，特别是历史文化遗产、风景名胜，都有各自的特点和内涵，难以相互替代，使旅游需求产生了明显的指向性，好地方大家都要去。另一方面，一些地方在对景区规划时，景区的未来接待规模没有得到充分的论证，景区的客流管理设计也存在不合理的地方，景区一旦建成，其供给能力很难在短时间内有大的突破。这两方面原因共同制约着景区旅游供给能力的提高，也就不可避免地导致了旅游超载现象的出现。

　　（3）景区的开发与管理存在短期效应，片面追求经济效益，轻视规划保护，长期忽视旅游超载带来的负面影响。旅游景区本质上是一种经济资源，它能够为投资者创造经济价值，因此，对旅游景区的开发，其根本目的是获取经济效益，并带动周边居民改善和提高生活水平。在实践过程中，由于旅游景区的开发与建设，往往追求经济效益最大

化，忽略了对景区内旅游资源的保护，即使景区景点经常处于旅游超载的状态，也难以主动采取有效措施调节和改善旅游超载。

（4）对景区的可持续发展尚未得到广泛重视，导致景区管理不力，规划不合理。有些景区的经营管理者，出于经营业绩的需要，紧盯着大量游客所带来的门票及附加收入，一味强调吸引更多的客源，追求市场占有率，不进行科学管理和合理规划开发，而是对旅游资源和景区设施进行过度开发和利用，忽视旅游景区的长远发展，导致景区长期处于超载状态，生态环境和接待设施破坏严重。

二、景区旅游超载产生的影响

1. 破坏旅游景区生态环境，影响旅游资源的可持续发展

由于大量的游客同时进入景区，产生大量的生活垃圾，加上短期内景区难以做到彻底清洁，白色污染严重。同时，游客增多，常常会对自然景观造成践踏破坏，影响生态环境。

2. 容易损坏旅游吸引物和景区的接待设施

景区旅游超载会使一些旅游吸引物受到破坏，特别是历史遗址遗迹，一旦损毁，将难以复原。另外，景区的接待设施，如果长时间处于过度使用状态，容易受到磨损，会降低对客服务的质量，影响景区的未来发展。

3. 影响游客的心情，降低游客的旅游体验质量

游客到景区旅游，其目的是为了获得一种满足感。如果景区的人太多，拥挤不堪，会使游客无法获得应有的旅游气氛，破坏心情，使他们的旅游体验质量大打折扣，影响对景区及所在地区的评价。

4. 导致景区难以实现科学管理，限制了旅游产业素质的提升

景区旅游超载对景区的发展具有极大的负面影响，经常处于旅游超载状态的景区，难以进行科学发展和管理。景区作为吸引游客的核心旅游吸引物，如果不能进行科学的规划管理，将极大地限制旅游产业素质的提升。

三、景区旅游超载问题的应对措施

1. 做好景区科学规划，提高接待游客的最大容量

景区要通过认真的调研和考察，因地制宜，制订科学的规划，合理设置景区内的游客路线和各个功能区，提高容纳游客的最佳数量，游客多的时候能够保证参观游览安全有序。

2. 加强景区的管理与服务，采取有效措施控制高峰时期客流量

可以通过实行门票预售或分时进入的措施，合理控制景区景点内游客数量。一是以景区的最佳接待量为主要依据，提前预售每日门票，有效控制游客数量；二是采用分时进入制度，一旦在某一时刻景区内游客数达到最佳接待量，即采取停售门票的措施，直到有游客离开景区，再允许新的游客进入，这样可以使景区的游客量始终保持在一个合

理的范围内。分时进入措施有可能造成未进入景区游客的不满，需要事先做出公示说明，制订周密而详尽的计划。

3. 通过多种渠道和措施，调节游客的旅游需求

指导游客合理选择出游目的地。一是通过电视、网络、报纸等媒体向游客发布景区的交通、住宿、气候和接待容量等信息，预测未来可能的游客接待量，从而为潜在的游客选择旅游目的地提供参考。比如，每个黄金周，有关部门和旅游企业通过各种媒体向人们发布各大景区以及旅游城市的旅游相关信息，为旅游者选择合适的出游地提供必要的指导，分流客源。二是利用景区门票价格等杠杆，调节和控制进入景区的游客数量。如实行景区门票淡旺季价格，旺季时提高门票价格，增加游客的出游支出，影响游客对出游目的地的选择，起到分流客源的作用。三是加强对游客的旅游知识宣传和培训，引导旅游需求合理化，让人们理性出游，避免盲目扎堆。

4. 加强政府指导和制度建设，严格限制旅游超载现象

许多景区以追求效益最大化为目标，无视旅游超载所造成弊端，如果仅仅寄希望于景区经营者自身的觉悟，难以限制旅游超载现象的产生。政府管理部门要加强指导，研究制定旅游超载的管理和惩罚制度，进而保护生态环境和旅游资源，保护游客安全，提高游客的满意度，提高旅游产业素质。

四、旅游景区解决超载的策略

解决旅游景区饱和与超载问题可以从需求管理和供给调节两个方面来考虑。

（一）从需求管理技术着眼的主要措施

1. 价格调节

旅游价格是调节旅游者需求的有效手段，通过控制价格可以有效控制旅游景区季节性和偶发性超载。

旅游高峰期通过制定较高的价格，可以避免高峰期景区客流量过量，把高峰期的客流量控制在饱和点允许的范围内。合理的旅游者数量避免了给旅游景区各种设施带来不必要的压力，改善了旅游景区拥挤、交通堵塞、植被践踏、游道扩大化等状况。但值得注意的是：当门票价格涨到平衡点以上，旅游需求相对于价格就逐渐失去弹性，涨价对需求影响很小，需求对价格变动反应不敏感，涨价已起不到调节旅游者数量的作用。由于门票价格还是旅游者判断景区价值的标准，因此还会影响其旅游行为，而如果旅游者在门票上花费较多，会导致游客对景区风貌期望过高，因此在旅游过程中就有相应的要求。故采用价格调节时要考虑到公众的价格接受能力和旅游期望，避免价格变动在起到控制游人数量作用的同时，导致经济效益下滑和游客的满意度下降。

参考价格浮动指数：淡季：-0.3~-0.5，旺季：+0.06~+0.2

2. 营销控制

市场营销中除了价格刺激外，营销组合中的其他因素也可以起到调节旅游者需求的

作用。

（1）旺季减少热点景区营销。旅游旺季为减少旅游者对热点旅游景区产生的压力，应减少热点景区的宣传。

（2）增加旺季温冷点景点营销。加强周边旅游景区的宣传，用以分流热点景区的旅游者。也可用开发新旅游景区来减少旅游者对脆弱旅游景区的压力。如英国的坎特伯雷（Canterbury）历史名城，在城市外围开发了许多新的旅游景区，并采用了上述营销方法，致力于改变市区内大教堂拥挤不堪的状况。

（3）增加淡季景区营销。在旅游淡季可通过广告或与其他企业联合促销等来提高旅游景区知名度，鼓励潜在的旅游者采取旅游行动。另外淡季还可实行地区价格、年龄价格（老人、儿童）、家庭价格、团队价格、网上订购价格及其他组合价格策略，进行促销。

（4）及时发布旺季预警信息，适量减少门票销售。通过网络公共平台、景区电子屏等及时发布容量预警信息，减少门票销售。在智慧旅游建设中，加快通过大数据等方式实现限量售票、分时参观、优化路线，以智能化即时控制景区游客量。例如，上海市旅游局对全市3A级以上100家景区进行了容量测定，实行游客最大承载量、瞬间承载量预报制度。

（二）从供给调节技术方面着眼的主要措施

1. 进行队列管理

当旅游者数量超过了旅游景区（点）接待量时，为提高工作效率，工作人员就要求旅游者排队。通常是旅游者在旅游景区入口处排队，或是各种车辆在景区大门外等候工作人员安排停车位。排队等候会导致旅游者产生不满情绪，甚至客源流失。如旅游者花较长时间排队，在景区内娱乐、游玩的时间就相对减少了，旅游者可能会得不到充分的旅游享受与体验，从而降低对景区的满意度。有些旅游者看到长长的队列时，会选择离开；另一些潜在的旅游者也会用推迟或取消旅游计划的办法来避开等候。对工作人员而言，为了尽量减少旅游者的排队等候时间，可能会被迫缩短同每个旅游者的接触时间，甚至取消那些费时的服务项目。这样因工作人员没有足够的时间来满足旅游者的需求，旅游者很难获得高质量的旅游体验，工作人员的热情也可能受挫。

对旅游者队列进行有效管理是在旅游需求过多时最及时、最有效的应对措施。根据旅游者和配备的工作人员数量，可将队列划分为单列单人型（一队旅游者配备一名服务人员。以下类推）、单列多人型、多列多人型、多列单人型及综合队列等类型。这些类型各有优缺点，旅游景区可根据实际情况选择合适的排队方式。同时改善硬件设施，让旅游者在比较宽松的环境中排队等候，变枯燥烦闷的等候为有意义的欣赏过程。需要排队等候的地方，最好选择在风景较好的区域，并设置相应的座位和护栏。或者通过墙壁上或两侧的景区宣传画、游览注意事项等把旅游者的等候过程和旅游体验经历融合起来。在等待时间较长的地方，可通过电视、轻音乐等分散旅游者的注意力。如云南丽江的玉龙雪山就采取了相应的措施让旅游者在等候的过程中有事可做，在景区内的候车厅旅游者可以看电视听音乐、租棉衣、租氧气瓶等；在乘索道的地方，旅游者可以听到广播里有关雪山的介绍，还可看到部分雪山胜景，周围墙壁上也布满了有关雪山、冰川等的图片和文字介绍。当然采取这些方法并不能真正缩短队伍的长度，只是让旅游者能够有耐心等下去而已。从长远看，队列管理并不能实际地解决旅游饱和与超载问题。

2. 实行容量弹性化

实行容量弹性化是指在不改变景区硬件情况下，通过管理手段的调节，在特定时间扩大或缩小景区容量的方法。

（1）扩大景区容量。延长景区开放时间，或一年中增加开放天数，旅游高峰开放备用旅游通道，分流游客到温冷景点，调整景点工作人员，增派人手到瓶颈之处，设置免票人员专用通道，避免与其他游客混合。昆明世博园、西安秦始皇兵马俑博物馆等景区都设有免票人员专用通道，避免与旅游者共用通道给工作人员检票带来不便。

（2）缩小景区容量。一是核心区域休整（维修），避免游客进入。二是景区轮休，如安徽黄山20世纪80年代后期，旅游接待总量逐年攀升，景区、景点处于长期超负荷运行中，相继出现不同程度的"疲劳"现象。黄山的资源保护专家们于1987年10月首创景点"轮休"制度，每个轮休期3~5年。近30年来已先后对莲花峰、狮子峰、丹霞峰、天都峰、始信峰等多处景点实行封闭"轮休"。黄山在对重要景点实行"轮休"中，并不是一封了之，而是定期"体检"，还要邀请专家依据《黄山风景名胜区景点封闭轮休规范》评估，植物恢复健康，水土流失得到综合治理，野生动物恢复到一定水平，旅游设施没有安全隐患等几项标准齐备后才能重新对游人开放。三是淡季或需求减少时关闭备用通道。四是调节开放时间。如桂林乐满地主题公园就灵活运用开放时间调节园区旅游容量：在7—8月旅游高峰期，开园时间不变，但闭园时间比平常推迟半小时；平时与周末节假日营业时间相同，但可视园内游客数量灵活延后清场时间；如遇重要节假日则另安排开、闭园时间，并以通告为准。

对多数的旅游景区，旅游者一般集中在一天中某个时段进入景区，通过加强对景区工作人员知识、技能和服务意识方面的培训，提高工作人员效率，可以使旅游者在较短的时间内分散到各景点。这些有效措施对于许多小型景点，或自然遗产类景区实行容量弹性化有一定困难。如受入口处的自然地理条件限制，建立备用通道往往不大可能；考虑到旅游者的安全，自然保护区通过延长开放时间来扩大游客日容量也不现实。

3. 增加实际旅游容量

从长远来看，要解决旅游饱和与超载问题，旅游景区应通过投资建设来增加实际旅游容量，但要尽量避免人工化。扩大容量可通过增设礼品店、丰富旅游活动方式等来实现，另外可通过加大冷门旅游景点的开发、宣传和引导游客的流向来增大旅游景区实际

旅游容量。常用设施要有较大容纳游人的能力，这一点从 WTO 有关娱乐活动承载量标准可以看出，如森林公园接纳游人仅为 15 人/公顷，而低密度的野餐地每公顷可接纳 60~200 人。

4. 实施定量管理技术

定量管理主要是通过门票控制来实现的，限制进入时间、停留时间、旅游团人数、日旅游接待量，或综合运用上述几种措施来解决因旅游饱和与超载而造成景区因践踏、旅游者引起的温湿度变化而使得旅游资源损耗的加剧的问题。如埃及娜弗塔伊王后陵墓，就是通过规定日游客接待量、团队最长停留时间来减少旅游资源损耗的。九寨沟是我国率先采用限制游客数量来保护旅游资源的景区，限定日游客接待量不得超过 1.2 万人。对那些自主意识强旅游者及小团队旅游者来讲，规定时间使他们活动受到限制，故这类旅游者一般不愿选择采用这种方式进入资源保护的景区。为了避免游客"白跑一趟"的情况，还可以对热门景区探索实现网上分时段预约管理，将人群有效限流在旅游出发前。

至于那些喜欢随意造访的旅游者，由于对景区的情况不熟悉，几乎被完全排除在这类景区之外。然而对被列为自然遗产和文化遗产的旅游景区来讲，旅游资源价值得到广泛认可，保证了旅游景区在世界遗产名录中的地位并为人类保留了珍贵的遗产，资源保护是第一位的，故常常采用这种保护措施。

5. 采取定点保护措施

定点保护的地方，一般是重要区域，或避免践踏、乱摸、偷盗、乱写乱画乱刻导致旅游资源损耗的地方。保护方法：一是委派专人管理；二是告示提醒；三是电子监控+告示提醒；四是采取拉网、护栏、拉绳阻止游客予以保护，例如天坛回音壁外有 70cm 左右护栏防护。

（三）旅游景区容量的科学化控制

与传统的旅游景区数据统计模式相比，智慧旅游背景下的数据统计更加细致和精确，能够较为全面、精准地计算出旅游景区的客流高低峰期、旅游资源的利用情况和景区环境承载能力等，便于旅游景区及时掌握实时的游客数量及分布情况，进而有针对性地进行景区容量调控，尤其便于旅游景区在旅游旺季进行科学的容量扩容。如利用热力图搜索引擎可预知热点旅游景区的人流量，每隔一刻钟或半小时更新一次数据，使旅游者通过手机服务终端就可以实时掌握景区游览动态，合理安排游览时间避开拥挤人群，享受旅游的乐趣。因此，综合利用管理信息系统（Management Information System，MIS）、地理信息系统（Geographic Information System，GIS）和遥感技术（Remote Sensing，RS），全方位、立体化地监测景区内部环境，能够充分利用景区空间要素和时间要素，突破景区卡口瓶颈，还可结合门票预约系统、门禁系统和旅游资讯平台，做好客流的合理分流、排队等时、游览路线引导等服务。对景区旅游资源进行科学整合，实现旅游景区的经济效益、社会效益和环境效益的统一，实现智慧景区可持续发展的最终目标。

迪士尼公司在佛罗里达州的庞大主题公园就很好地体现了这一战略。这里曾经是奥兰多市（Orlando）的一片沼泽地，面积达 40 平方英里（约 103.6 平方千米），每年大约要吸引 2000 万人次来到这里旅游，显然不是一件容易的事情，为此，迪士尼公司专门推出了一款可穿戴设备——带有射频识别功能的魔力带。入园时，游客们只需要将戴在手腕上的魔力带对着一台米老鼠形状的精致终端敲一下，终端就会自动亮灯，让游客入园。如果想进入迪士尼世界内的 26 家度假酒店中的任何一间客房，或是在遍布园内各处的售卖部里购买商品和食物，也只使用魔力带做同样的事情就行了。自从推出魔力带以来，75% 的魔力带用户在游览主题公园之前就在迪士尼公司自己的 "My Magic+" 网站上 "体验" 过这一产品，大部分游客还在网上将魔力带与信用卡绑定，预定游园项目，提前订餐和预约酒店客房。配合魔力带的推出，迪士尼世界对 28000 多个门闸、园区内的数百个接入点进行了设定，以便保证魔力带使用无线识别功能。对于迪士尼公司来说，魔力带不但能实时追踪和控制游客流量，还能够获得更加丰富的客户数据，更好地追踪游客的消费习惯，增加游客在园区内的消费。受魔力带的启发，迪士尼公司在主题公园里不断地推出高科技项目和新技术设备，从而不断提升 "客户体验"，促进主题公园始终保持着领先世界的核心竞争力。

实训 3 旅游景区解决超载的策略认知实训

一、实训目的

通过实训，学生能够熟悉景区超载常用的应对策略，了解智慧景区在容量科学化控制、预防超载方面的发展趋势。

二、实训要求

1. 会查询热门景区官网，了解景区容量监测、容量控制管理手段与措施。

2. 会查询百度旅游预测及景区热力图，了解大数据时代智慧旅游的内涵与发展。

三、实训时间

本实训环节共 2 学时 90 分钟，分组讨论 45 分钟，小论文 45 分钟。

四、实训方式

1. 全班分为 5 个小组。

2. 分组交流黄金周自身的旅游体验，讨论景区超载产生的负面影响（从资源破坏、游客体验等方面归纳总结），并整理记录。

3. 查看上海迪士尼门票预约系统，了解票价结构，分析迪士尼预防超载策略，并整理记录。

4. 查询 "百度旅游预测"，了解百度旅游预测的相关内容，讨论在大数据时代旅游

容量预测可以从哪些方面为解决超载提供解决策略，并整理记录。

5. 每组选择一热门景区官网，了解景区情况，讨论分析解决旺季超载的策略有哪些、解决难点在哪里，并记录讨论内容。

6. 汇总讨论：从超载负面影响、超载应对策略及发展、以具体景区一个热门景点旺季超载问题及应对难点为分析案例，写一篇小论文。

五、实训评分

1. 实训指导教师根据学生参与讨论情况、讨论记录及小论文进行评分。

2. 按百分制记分，讨论及记录 60 分，论文 40 分。

六、评分表

旅游景区解决超载的策略认知实训测评表

组别：＿＿＿＿＿＿＿＿ 姓名：＿＿＿＿＿＿＿＿ 时间：＿＿＿＿＿＿＿＿

项目		标准分	教师评分
超载问题及应对策略	超载负面影响	10	
	超载应对策略	30	
	具体景点分析	20	
小论文	旅游景区超载负面影响、超载应对策略及发展、具体案例分析	40	
合计得分			

考核时间： 年 月 日 考评教师（签名）：

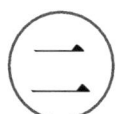

第二章

旅游景区卫生管理

【学习目标】

● 知识目标

了解旅游景区卫生管理的内容、垃圾问题及垃圾处理利用技术以及景区卫生管理标准。

● 能力目标

1. 学生能够根据国家卫生标准、条例和细则，结合本部门情况列出卫生要点，制定卫生管理制度。

2. 学生能够掌握卫生作业操作流程和卫生质量督查流程。

第一节　旅游景区卫生管理概述

旅游景区卫生管理是景区环境管理的组成部分。由于卫生状况是整个环境状况中的一个常变量，不像生态环境、设施环境那样有时间上的稳定性，因此，卫生管理就成为旅游景区环境管理工作的一个特殊内容。

旅游景区卫生管理是旅游景区管理活动中最基础的管理工作，它是旅游景区管理水平的重要体现。

一、景区卫生管理的重要性

旅游景区卫生管理的重要性表现在以下三个方面：

1. 卫生状况是旅游景区环境质量的重要表现

旅游者进入旅游景区首先感受到的是景区的卫生状况，并且卫生状况自始至终都影

响着游客的整个游览过程。清洁的路面、干净且分布有序的各种设施、设备、服务人员的整洁仪表等，都能给游客舒适、美好的感受，同时能增加游览的兴趣，提高精神享受的程度。因此，卫生状况是旅游景区环境质量的最直接的表现，直接影响到游客的消费体验和消费质量。近年，我国国家旅游局对旅游景区开展质量等级划分与评定，其依据的标准《旅游区（点）质量等级的划分与评定》（GB/T 17775—2003）中对景区内餐饮场所、文化娱乐场所、游泳场、垃圾箱、公共厕所的卫生状况都有明确的要求。

2. 卫生状况反映了旅游景区的管理水平

卫生管理是旅游景区管理活动中最基础的管理工作，它是旅游景区管理水平的重要体现，也是旅游景区管理者和员工的整体形象的重要表现之一，同时也是旅游地整体形象的重要表现之一。因此，要提高旅游景区和旅游地在旅游者心中的形象，增加旅游景区的市场吸引力，提高环境卫生质量是必不可少的手段之一。

3. 卫生状况对旅游景区吸引力有着重要的影响

影响旅游者对旅游景区评价的重要因素之一就是景区的卫生状况。一个拥有良好卫生状况的旅游景区必然会受到旅游者的青睐，增加其旅游市场吸引力。相反，如果具有较高价值的旅游资源的景区卫生状况不好，游客对其评价也不会高，结果导致景区吸引力的下降。

二、景区环境卫生管理的内容

旅游景区卫生管理工作涉及旅游景区的各个环节，体现在接待服务过程的始终。它可以分为静态卫生管理，即游览环节、设施、设备和用品卫生管理，以及工作人员卫生管理两大类。具体内容如下：

1. 旅游景区游览卫生管理

旅游景区游览卫生管理主要包括游客乘坐的交通工具（游览车、游船、索道、缆车、休息座椅等）、游步道、景点等部位的卫生管理。

2. 旅游景区公共卫生管理

主要包括旅游景区的大门、广场、游客中心、卫生间、厅堂、商场等各种服务场所周围环境的卫生管理。

3. 旅游景区住宿卫生管理

主要指提供住宿服务的旅游景区，它以为客人提供清洁、舒适的住宿条件为重点，具体内容包括客房卫生、卫生间卫生、客用各种消耗品卫生等的管理。

4. 旅游景区食品卫生管理

以食品卫生法为中心，以预防食物中毒和疾病传染为重点。具体内容包括食品原材料采购、储藏、价格制作、产品销售、食品化验、消毒等各个环境的管理。

5. 旅游景区个人卫生管理

主要是指旅游景区的一线从业人员，包括导游、销售员、保安以及各级管理人员的身体健康状况、仪表仪容、着装以及个人卫生等各个方面的卫生管理。

三、旅游景区环境卫生管理的任务

1. 配备卫生管理人员和监理制度

景区应配备专职或兼职的卫生管理人员，建立岗位责任制度，把卫生服务纳入整个服务系统工作的考核内容中。人数多的部门由专职或兼职卫生人员组成卫生管理队伍（小组或委员会）采取积极措施全面落实岗位责任制中的各项卫生工作，并促使本部门全面达到国家或景区规定的卫生标准。

2. 组织从业人员学习和掌握卫生知识和技能

景区的从业人员必须掌握并执行好国家及景区制定的有关方面的卫生标准、条例和细则。各个部门还要结合本部门情况列出卫生要点，落实到本部门每个从业人员的工作中，并组织从业人员进行学习和督促其自觉执行，使其掌握必要的卫生操作技能和常用的消毒方法，了解传染病的传播途径和预防措施，增强环境保护意识。

3. 制定规范的卫生操作程序

景区的服务错综复杂，每一个服务种类的操作内容大不相同，景区有必要对某些特定的服务流程制定卫生操作规范，在保证服务本身卫生的同时，将其对景区环境的影响降到最低限度。

4. 加强卫生检查，保证卫生质量

定期开展景区的卫生检查，对卫生死角、容易忽视的卫生环节予以高度重视，进行有重点的、全面的卫生大检查，一旦发现问题及时予以解决。

5. 开展对旅游者的卫生宣传和教育

在管理好景区本身卫生工作的同时，景区还需要旅游者协助和监督各部门从业人员执行好各项卫生制度和准则，并遵守景区的卫生行为规范。因此，必须首先向旅游者介绍和说明景区的卫生制度和规范，进行卫生宣传工作（采用图片、模型、实物、电视等直观生动的宣传教育材料，讲解生动、易懂），增强旅游者关心与保护景区环境的自觉性，更好地协助和监督景区从业人员搞好景区环境卫生管理。

第二节　旅游景区垃圾问题及处理认知与实训

旅游垃圾是指伴随旅游活动（包括旅游开发经营和旅行游览等）而产生的各种固体废弃物质。

一、旅游垃圾的分类

垃圾分类是垃圾循环利用的起点和基础。而循环利用是垃圾处理的核心。

1. 按旅游垃圾的来源

建筑垃圾、商业性垃圾、交通垃圾、旅游行政办公垃圾、养护垃圾、生活垃圾、游客垃圾。

2. 按旅游垃圾的化学成分

（1）有机垃圾：是由可以被微生物分解的有机物组成，主要有纸类、木材、织物、塑料、厨余垃圾、树叶杂草、畜禽粪便、动物尸体等。

（2）无机垃圾：是由不可被微生物分解的无机物组成，包括金属、碎砖、石块、灰土、炉渣、玻璃、陶瓷、废旧电器、其他（烟头、口香糖等）。

3. 按照旅游垃圾的二次利用性

（1）可回收旅游垃圾：指适宜回收循环使用和资源利用的物质。主要包括：①纸类；②塑料制品；③金属；④玻璃。

（2）不可回收旅游垃圾：又分为厨房废弃的蔬果、菜肴、鱼内脏等食品类废物、树叶杂草、畜禽粪便、动物尸体等有机生物旅游垃圾；电子垃圾（废旧电池、废家电）、荧光灯管、杀虫剂容器等有毒有害旅游垃圾等。

二、旅游垃圾的危害和不良影响

随着旅游业的发展，作为旅游业副产品的旅游垃圾，呈现不断增加的趋势，旅游垃圾大量产生，旅游环境受到严重污染和破坏，危害极大，而且很难控制。从卫生学和流行病学上看，有机垃圾较易腐败，含有病原体，特别是在夏季，正值旅游旺季，有机垃圾占的比重较大，由于气候湿热，降雨又多，不及时处理就会马上腐烂。垃圾还有可能发生爆炸，对人身财产安全构成潜在的威胁。垃圾爆炸是因天气炎热，垃圾堆吸收了雨水后经高温发酵产生甲烷（CH_4）积热致燃引起的。

旅游垃圾恐怕是山地旅游区最难处理的问题，就连被誉为风景名胜区管理成功典范的黄山，旅游垃圾问题也没有完全解决。张家界国家森林公园，每天产生的垃圾总量约 6.5 吨，旅游旺季时，每百米游道平均日产垃圾 25～40 千克，而且垃圾基本上是就地掩埋，结果造成二次污染。据尼泊尔登山协会称，在喜马拉雅山上，每日攀登珠穆朗玛峰的登山者至少丢下 15 吨垃圾。

塑料包装物造成的"白色污染"，令人"谈白色变"。杭州西湖的环卫工人在旅游旺季时，每月从水面上打捞出各种塑料包装物数以吨计；在黄山，每天塑料包装物的拣拾量达 1 吨；葛洲坝每年仅打捞上来的泡沫塑料就有百吨；铁路沿线被旅客遗弃的塑料包装和一次性饭盒所覆盖。塑料包装物被动物误食，很可能造成死亡。

垃圾，主要是无机垃圾的自然分解需要极长的时间。据一家国际环境保护机构公布的资料，垃圾自行分解的时间表如下：面纸 3 个月，车票 3～4 个月，火柴棍 6 个月，铁罐 10 年，塑料打火机 100 年，塑料瓶 100 年以上，玻璃瓶 4000 年。

三、旅游垃圾的处理和利用

如果旅游景区位于城市或郊区，旅游垃圾可纳入城市垃圾处理系统；如果旅游景区远离城镇或运输不便，就要考虑旅游垃圾的处理问题。

常用的垃圾处理方法有：

1. 卫生填埋法

卫生填埋法的基本流程：①对垃圾进行分类收集；②对垃圾进行减害化处理；③将初步处理过的垃圾运到填埋场，进行逐层填埋，并压实；④在上面覆盖一层30厘米厚的泥土；⑤2~5年后，可钻孔取沼气。

优点：成本低、处理数量大、易操作；

缺点：占用土地、存在渗滤液的问题（对地下水系统的破坏）、有大气污染问题。

2. 焚烧法

在焚烧炉里对废弃物品进行氧化燃烧反应。

优点：土地占用量少、处理时间短、处理较彻底、可用于蒸汽发电。

缺点：容易产生大气污染。

3. 堆肥法

通过生物反应，促进废弃物中可降解的有机物转化为腐殖质。

优点：作土壤改良剂和调节剂，有利于改善土壤条件。

缺点：肥效较低，垃圾减量化程度较低。

在垃圾处理方法的选择上，景区应根据自身的条件，权衡处理办法的利弊，选择对环境影响最小而且操作性较强的方法。

四、国外景区垃圾利用的新方法

1. 垃圾艺术品

在芬兰首都赫尔辛基市中心坎皮购物中心广场，芬兰艺术家凯萨·萨尔米介绍她的《山崩》艺术品。凯萨·萨尔米用18吨各种塑料垃圾堆积成27米长、4.5米高的题为《山崩》的大型艺术品，向人们警示塑料垃圾造成的危害，鼓励公众自备购物袋前往超市购物，尽量减少使用塑料袋。

德国艺术家哈·舒尔特（Ha Schult）能够充分利用自己手中的回收艺术品，将它们制造成"垃圾人"。在30位助手的帮助下，舒尔特将压扁的易拉罐、丢弃的计算机零件和其他物品收集起来，制造成令人毛骨悚然的垃圾人形象。目前，大约50个这样的垃圾人已在全球各地进行了巡回展出，包括埃及金字塔和中国的长城。通过这些外形奇特的垃圾人造型，让人们更多地反省人类的活动是怎样改变世界的。

泰国西萨菊府（Wat Pa Maha Chedi Kaew）寺庙是由超过100万个回收的绿色和棕色啤酒瓶建造的，从寺庙的水塔至游客的洗手间，都是用喜力牌和象牌啤酒瓶建造。聪

明的僧侣这样做是一举两得，既回收利用这些丢弃的啤酒瓶，治理了当地的环境污染，还利用啤酒瓶廉价地建造了自己的寺庙。

2. 垃圾的再利用

（1）垃圾墙。芬兰科学家把炉渣、麦秆、破布、硬纸等废物捣碎混合，经高温、高压制成了一种建筑墙体的材料，实验表明，这种材料筑起的墙十分坚固，不怕酸碱腐蚀。

（2）垃圾焚烧发电厂。芬兰目前最大的垃圾焚烧发电厂，收集了区域内大约150万居民的日常垃圾，经过初步分类处理后，用于燃烧发电。该电厂每年消耗掉大约32万吨居民垃圾，产能可以为万塔市50%的面积供暖，同时还能为该市30%的居民家庭供电。事实上，在芬兰，循环利用废弃物以提高能效是十分流行的。据了解，有造纸厂就利用制浆生产过程中产生的"黑液"、树皮等，作为生物燃料供给电厂。有数据显示，芬兰全国，大约有400个大中型能源工厂都是使用生物燃料发电供热的。

3. 德国垃圾消音墙

位于德国黑森州的卢尖特公司，每年要处置200多万千克空奶瓶、空洗涤瓶及无用的塑料薄膜。多年来这些垃圾耗去了公司不少精力和财力。前不久，卢尖特公司终于找到了处置这些垃圾的最佳方法。他们在公路所在地的四周，砌上了一堵空的围墙，然后把捣碎的垃圾填入空心墙内，最后用泥土覆盖，上面种花草，一堵长320m、高3m的墙，可填装100万千克的塑料垃圾。这种墙具有防噪声功能，被称为消音墙。

4. 美国垃圾住宅

美国加利福尼亚州一位建筑师，用垃圾建造了一所住宅，他从垃圾堆里捡来了空塑料罐、废船舷窗、废油筒盖之类的东西，然后将这些废物分类，用它们砌成墙壁，改装成窗户、制成门的把手等。他建造的圆顶小屋造型别致，经济实惠，既处理了不少垃圾，又节省了建筑材料，一举数得，大受赞赏。

5. 印度昌迪加尔的垃圾公园

旅游垃圾经过处理后可以成为有吸引力的旅游资源或旅游资源的原材料，即垃圾无害化处理后经过加工可以变成新的旅游吸引物或景观。

如印度昌迪加尔的垃圾公园，该公园没有奇花异草，也没有飞禽走兽，却吸引无数游客前往。在这座10公顷大小的公园内，城市废料变成艺术佳作，无生命力的岩石变成了艺术珍宝。公园内，既有用电插头做成的大块墙壁和拱门，也有用煤渣和沥青堆积的假山，啤酒瓶搭建的小房子，陶瓷碎片、酒瓶盖堆砌而成的武士、舞女及动物雕塑等。目前，每年都会有数万名游客慕名而来参观这个垃圾公园。

知识拓展链接：

登录"中国环卫科技网"（www. cn-hw. net），可以了解更多国外垃圾利用技术新动向。

实训1 景区垃圾问题及处理认知实训

一、实训目的

通过实训，学生能够了解景区垃圾问题及垃圾处理的方法。树立垃圾分类的环保意识。

二、实训要求

1. 了解日益严重的景区垃圾问题对景区发展带来的危害，了解垃圾分类及处理方法。

2. 树立环境保护意识和责任感，从自身做起，培养垃圾分类收集的环保素养。

三、实训时间

本实训环节共2学时90分钟，老师课前布置实训任务，学生收集、学习资料，分组交流20分钟，制定班级（或学校）垃圾分类处理方案、实施细节及监管制度30分钟，垃圾利用新方法探讨15分钟，演讲15分钟，老师考核10分钟。

四、实训方式

1. 全班分为5个小组。

2. 小组交流，根据自己的旅游体验，给出垃圾问题留下的最深刻印象，收集国内外旅游垃圾处理与利用的新方法，探讨景区垃圾问题解决的创意或点子。

3. 讨论垃圾分类收集在垃圾处理中的重要性，给出班级垃圾分类处理的方案，并制定实施细节和监管制度。

4. 每组派代表进行"垃圾分类，从我做起"倡导演讲。

五、实训评分

1. 实训指导教师根据学生垃圾分类方案和参与讨论情况及演讲情况进行评分。

2. 按百分制记分，分类方案60分，讨论20分，演讲20分。

六、评分表

旅游景区垃圾问题及处理认知测评表

组别：＿＿＿＿＿＿ 姓名：＿＿＿＿＿＿ 时间：＿＿＿＿＿＿

项目		标准分	教师评分
垃圾问题及处理	垃圾问题危害体验交流	10	
	新方法探讨	10	
	垃圾分类方案	60	
演讲	垃圾分类重要性 垃圾分类方案	20	
合计得分			

考核时间： 年 月 日 考评教师（签名）：

第三节　景区环境卫生管理标准认知与实训

旅游景区主管单位应设有环境卫生管理机构，根据国家有关规定，负责风景名胜区的环境卫生和饮食服务卫生管理工作，并按照国家有关环境卫生法律、法规，制定出环境卫生标准、管理办法和工作制度。

一、制定景区环境卫生标准的依据

1. 环境保护法律、法规

如《中华人民共和国环境保护法》《中华人民共和国大气污染防治法》。

2. 环境保护行政法规

如《国务院关于环境保护若干问题的决定》。

3. 环境标准

如《环境空气质量标准》《大气污染物综合排放标准》《污水综合排放标准》。

4. 环境管理制度

如《环境影响评价制度》《征收排污费制度》。

5. 相关的国家标准及条例细则

如国家规定的景区的相关标准及条例细则，《旅游区（点）质量等级的划分与评定》、国务院《风景名胜区条例》《游客意见评分细则》《景观质量评分细则》。

6. 相关的行业标准

如《星级饭店客房用品质量与配备要求》《旅游汽车服务质量》等。

二、景区环境卫生分类标准

（一）大气标准

环境空气质量标准首次发布于 1982 年。1996 年第一次修订，2000 年第二次修订，2012 年为第三次修订。环境空气质量标准会根据国家经济社会发展状况和环境保护要求适时修订。

《环境空气质量标准》（GB 3095—2012）规定了环境空气功能区分类、标准分级、污染物项目、平均时间及浓度限值、监测方法、数据统计的有效性规定及实施与监督等内容。

根据《环境空气质量标准》，环境空气功能区分为二类：一类区为自然保护区、风景名胜区和其他需要特殊保护的区域；二类区为居住区、商业交通居民混合区、文化区、工业区和农村地区。

环境空气功能区质量要求：一类区适用一级浓度限值，二类区适用二级浓度限值。一、二类环境空气功能区质量要求如表 2-1 和表 2-2 所示。

表 2-1 环境空气污染物基本项目浓度限值

序号	污染物项目	平均时间	浓度限值		单位
			一级	二级	
1	二氧化硫（SO_2）	年平均	20	60	$\mu g/m^3$
		24 小时平均	50	150	
		1 小时平均	150	500	
2	二氧化氮（NO_2）	年平均	40	40	
		24 小时平均	80	80	
		1 小时平均	200	200	
3	一氧化碳（CO）	24 小时平均	4	4	mg/m^3
		1 小时平均	10	10	
4	臭氧（O_3）	日最大 8 小时平均	100	160	$\mu g/m^3$
		1 小时平均	160	200	
5	颗粒物（粒径小于等于 $10\mu m$）	年平均	40	70	
		24 小时平均	50	150	
6	颗粒物（粒径小于等于 $2.5\mu m$）	年平均	15	35	
		24 小时平均	35	75	

表 2-2 环境空气污染物其他项目浓度限值

序号	污染物项目	平均时间	浓度限值		单位
			一级	二级	
1	总悬浮颗粒物（TSP）	年平均	80	200	$\mu g/m^3$
		24 小时平均	120	300	
2	氮氧化物（NO_X）	年平均	50	50	
		24 小时平均	100	100	
		1 小时平	250	250	
3	铅（Pb）	年平均	0.5	0.5	
		季平均	1	1	
4	苯并［a］芘（BaP）	年平均	0.001	0.001	
		24 小时平均	0.0025	0.0025	

（二）水体环境标准

水体环境标准主要参照《地表水环境质量标准》《生活饮用水卫生标准》等。

1.《地表水环境质量标准》（GB 3838—2002）

该标准制定的目的是为了贯彻《中华人民共和国环境保护法》和《中华人民共和国水污染防治法》，防治水污染，保护地表水水质，保障良好的生态系统。

该标准将标准项目分为：地表水环境质量标准基本项目、集中式生活饮用水地表水源地补充项目和集中式生活饮用水地表水源地特定项目。

地表水环境质量标准基本项目适用于全国江河、湖泊、运河、渠道、水库等具有使用功能的地表水水域；集中式生活引用水地表水源地补充项目和特定项目适用于集中式生活饮用水地表水源地一级保护区和二级保护区。

第一，适用范围。标准适用于中华人民共和国领域内江河、湖泊、运河、渠道、水库等具有使用功能的地表水水域。具有特定功能的水域，执行相应的专业用水水质标准。

第二，水域功能和标准分类。依据地表水水域环境功能和保护目标，按功能高低依次划分为五类：

Ⅰ类，主要适用于源头水、国家自然保护区；

Ⅱ类，主要适用于集中式生活饮用水地表水源地一级保护区、珍稀水生生物栖息地、鱼虾类产卵场、仔稚幼鱼的索饵场等；

Ⅲ类，主要适用于集中式生活饮用水地表水源地二级保护区、鱼虾类越冬场、洄游通道、水产养殖区等渔业水域及游泳区；

Ⅳ类，主要适用于一般工业用水区及人体非直接接触的娱乐用水区；

Ⅴ类，主要适用于农业用水区及一般景观要求水域。

2.《生活饮用水卫生标准》（GB 5749—2006）

生活饮用水卫生标准是从保护人群身体健康和保证人类生活质量出发，对饮用水中与人群健康的各种因素（物理、化学和生物），以法律形式作的量值规定，以及为实现量值所作的有关行为规范的规定，经国家有关部门批准，以一定形式发布的法定卫生标准。2006年底，卫生部会同有关部门完成了对1985年版《生活饮用水卫生标准》的修订工作，并正式颁布了新版《生活饮用水卫生标准》（GB 5749—2006），规定自2007年7月1日起全面实施。

标准规定了生活饮用水水质卫生要求、生活饮用水水源水质卫生要求、集中式供水单位卫生要求、二次供水卫生要求、涉及生活饮用水卫生安全产品卫生要求、水质监测和水质检验方法。

本标准适用于城乡各类集中式供水的生活饮用水，也适用于分散式供水的生活饮用水。

生活饮用水卫生标准可包括两大部分：法定的量的限值，指为保证生活饮用水中各种有害因素不影响人群健康和生活质量的法定的量的限值；法定的行为规范，指为保证生活饮用水各项指标达到法定量的限值，对集中式供水单位生产的各个环节的法定行为规范。

（三）噪声标准

国家颁布的《声环境质量标准》（GB 3096—2008）中，按区域的使用功能特点和环境质量要求，将声环境功能区分为五种类型。

根据标准规定，景区作为人们休憩娱乐的高级场所，应尽量满足其 0 类、1 类、2 类标准。其噪声极值控制标准如表 2-3 所示。

表 2-3　声环境功能区的五种类型及噪声限值（Leq：dB（A））

声环境功能区类别		区域	噪声限值	
			昼间	夜间
0 类		指康复疗养区等特别需要安静的区域。	50	40
1 类		指以居民住宅、医疗卫生、文化教育、科研设计、行政办公为主要功能，需要保持安静的区域。	55	45
2 类		指以商业金融、集市贸易为主要功能，或者居住、商业、工业混杂，需要维护住宅安静的区域。	60	50
3 类		指以工业生产、仓储物流为主要功能，需要防止工业噪声对周围环境产生严重影响的区域。	65	55
4 类		指交通干线两侧一定距离之内，需要防止交通噪声对周围环境产生严重影响的区域		
4 类	4a	高速公路、一、二级公路、城市快速路、城市主干路、城市次干路、城市轨道交通（地面段）、内河航道两侧区域；	70	55
	4b	铁路干线两侧区域	70	60

（四）固体废弃物排放标准

这里的固体废弃物排放主要是指地表的污染物排放。与此相关的国家已颁布的卫生标准有《危险废物鉴别标准通则》（GB 5085.7—2007）、《进口可用作原料的固体废物环境保护控制标准》（GB 16487—2005）。同时，景区还须规定固体废弃物排放的限量标准、废物处理标准等。

（五）公共场所卫生标准

国家已颁布的公共场所卫生标准有《旅店业卫生标准》（GB 9663—1996）、《公共

浴池卫生标准》（GB 9665—1996）、《理发店、美容店卫生标准》（GB 9666—1996）、《文化娱乐场所卫生标准》（GB 9564—1996）、《体育馆卫生标准》（GB 9568—1996）《商场（店）、书店卫生标准》（GB 9670—1996）、《公共交通等候室卫生标准》（GB 9672—1996）、《医院候诊室卫生标准》（GB 9671—1996）、《公共交通工具卫生标准》（GB 9673—1995）等。景区根据设立场所的性质，参照相应的标准，制定可行的、科学的标准。

（六）设备设施卫生标准

景区的设备设施的卫生管理包括设备设施原材料采购量的控制、设备设施对环境的影响等，由于各种设备设施的管理不尽相同，景区应以保证景区良好的环境质量为宗旨，来决定添置、拆除、迁移设备设施等活动。

（七）饮食卫生标准

1. 食品卫生

饮食服务是景区服务的一个重要组成部分，有时，美味卫生的饮食也是吸引人们前来游玩的因素之一。

景区的饮食卫生应严格遵循《食品安全国家标准》的规定。饮食业具有极强的波动性，例如 2003 年的 SARS、2004 年的禽流感使饮食业受到了严重影响，主要原因还是旅游者不放心景区的饮食卫生。饮食业应在危机期间提高卫生标准的要求，采取有效的应对措施，保证食品的卫生安全。

2.《饮食业油排放标准（试行）》

为贯彻《中华人民共和国大气污染防治法》，防治饮食业油烟对大气环境和居住环境的污染，特制定该标准。景区的饮食业必须在保证本身质量的同时，将其对景区的环境影响控制在最低限度。

（八）卫生服务标准

景区在参考国家已有的服务业卫生服务标准的基础上，根据景区各种服务的特性和流程的特性，制定相应的卫生规范。服务人员是服务提供的主体，因而制定服务人员的个人卫生保健标准也是景区卫生管理的内容之一。

（九）其他标准

此外，景区对绿化覆盖率有很高的要求，除特殊地貌景观地域（如沙漠、滩涂、冰川）外，均应达到一定标准，其他的如垃圾处理率、旅游利用容量强度等指标的规定适用于那些游人密度大、游客满意度低的景区类型。景区的环境卫生管理具有多样性的特点，在制定标准时可根据需要，参考相应的国际或国家标准、在景区实际状况的基础上，制定卫生标准（表 2-4）。

表 2-4　景区环境卫生分类标准

	标准示例
大气标准	《环境空气质量标准》（GB 3095—2012） 《大气污染物综合排放标准》（GB 16297—1996）
水体环境标准	《地表水环境质量标准》（GB 3838—2002） 《生活饮用水质量标准》（GB 5749—2006）
噪声标准	《声环境质量标准》（GB 3096—2008）
固体废弃物排放标准	《中华人民共和国固体废物污染环境防治法》
公共场所卫生标准	《公共场所卫生管理条例实施细则》
设备设施卫生标准	《景区车辆交通管理和服务规范》（DB35/T 1359—2013）
饮食卫生标准	《饮食业油排放标准（试行）》 《食品安全国家标准》
卫生服务标准	《山岳型旅游景区清洁服务规范》（GB/T 31706—2015）
其他标准	《生活垃圾卫生填埋场运行监管标准》（CJJ/T 213—2016）

实训 2　熟悉景区环境卫生评定标准实训

一、实训目的

通过实训，学生能够了解景区环境卫生标准、条例和细则。对景区卫生管理各个相关岗位职责有认知。

二、实训要求

1. 通过实训，了解《旅游景区质量等级的划分与评定》《国家 5A 级景区评定标准》中环境卫生评定的标准和细则。

2. 初步具备制订景区环境卫生评定方案的能力。

三、实训时间

本实训环节共 6 学时 270 分钟，老师课前布置任务，学生相关标准查询了解、评分表制作 45 分钟，景区考查 4 学时 180 分钟，评分小结 1 学时 45 分钟。

四、实训方式

1. 全班分为 5 个小组。

2. 老师指导进入国家环境保护部、国家旅游局网站查询了解旅游景区环境卫生相关的法律法规、标准。

3. 根据《旅游景区质量等级的划分与评定》《国家 5A 级景区评定标准》卫生评定项，就环境卫生、废弃物管理、厕所三项设计评分细则，制作成景区环境卫生检查评分表。

4. 选一当地景区，考查环境卫生状况进行评分。

5. 评分统计，景区卫生存在问题小结。

五、实训评分

实训指导教师根据学生卫生评分细则表、景区环境卫生考查及行为表现、景区卫生问题小结进行评分。

按百分制记分，卫生细则评分表 20 分，考查 60 分，总结 20 分。

六、评分表

熟悉景区环境卫生评定标准实训测评表

组别: _____   姓名: _____   时间: _____

项目		标准分	教师评分
认知卫生质量标准	标准查询	5	
	评分表制定	15	
熟悉卫生质量标准	考查评分	60	
标准应用	问题总结	20	
合计得分			

考核时间: 年   月   日   考评教师（签名）:

第四节 景区环境卫生作业操作规范认知与实训

了解环境卫生作业操作规范和作业操作规程，可以使员工明确熟悉岗位职责，掌握各种技术操作，提高工作效率和质量。

一、抹物操作规程

1. 目的
规范抹物操作，确保物体清洁，提高工作效率。

2. 适用范围
适用于保洁员抹物操作。

3. 职责

保洁员须按本规程操作。

4. 内容

（1）准备：毛巾、刀片（必要时）、清洁剂（必要时）、呢绒布料（必要时）。

（2）毛巾使用中要经常清洗，保持干净。

（3）使用前将洗净的毛巾拧干，对折多次后使用，一面擦脏后及时换另一面使用。

（4）从物体的一端尽头抹到另一端。

（5）物体表面如有较厚的污渍，可先用刀片铲干净。

（6）处理污渍时如无特殊情况，均使用中性清洁剂。

（7）用清洁剂时，需将清洁剂喷在毛巾上，再抹物，不可直接将清洁剂喷到物体上。

（8）镜面物体需要用质量好的呢绒布料擦拭，不可用粗糙毛巾以免划伤镜面。

（9）按一定顺序依次抹净室内办公用具和墙壁（从上到下、从里到外）。

（10）桌面上的主要物品，抹净后按原来的摆设位置摆设放好，报纸书籍要摆齐，文件、资料及贵重物品不要动。

（11）清洁完毕后，必须将抹布洗净晾干。

二、拖地操作规程

1. 目的

规范拖地操作，并提高工作效率。

2. 范围

适用于保洁员拖地操作。

3. 职责

负责地面的清洁工作。

4. 内容

（1）湿拖前要摆放"小心地滑"标识牌，拖布应尽量拧干。

（2）拖地时，先拖擦边角落，后拖擦中间，尽量避免使拖布碰到墙壁、拖把撞到墙身或玻璃。

（3）水桶要摆放在适当位置，不能放在路中间，门口等以免影响客户（应放在墙边或一角，并在自己的视线之内）。

（4）地拖不可太湿，地上不能有印，水要勤换（不能太黑）。

（5）清洁完毕后，必须将拖布洗净，拧干，晾干放好备用。

三、扫地操作规程

1. 目的

确保地面干净、整洁。

2. 范围

适用于保洁员扫地操作。

3. 职责

保洁员须按本规程操作。

4. 内容

（1）准备：扫把、铲刀（必要时）。

（2）室内清洁程序：从内到外，从边开始清扫，有香口胶或其他固体状污渍的可用铲刀铲去。

（3）清扫楼梯时，站在下二台阶，从左、右两端往中间集中，然后再往下扫进垃圾铲，避免灰尘、垃圾从楼梯旁掉下来。

工作完毕后，将扫把毛清洁干净，并摆放在规定位置。

四、污渍清洁操作规程

1. 目的

确保及时清除污渍。

2. 适用范围

适用于污渍清洁。

3. 职责

保洁员负责污渍清洁工作。

4. 内容

（1）通常情况下应按"发现污渍，尽快清除"的原则。

（2）起渍时，从污渍外边的不规则边缘往内擦拭，避免污渍扩大。

（3）对于深度渗透的污渍，需要耐心地重复擦洗。

（4）对于表面是玻璃、不锈钢，有污渍处可选用无绒毛或百洁布擦拭清洁。

（5）对于水泥地面、白英石、红砖等地面遇污时，可选用地刷，钢丝球擦拭。

（6）氯水是常用清洁剂，适用于任何物体表面。

（7）油漆、香口胶残渍，可使用天那水、松节油或汽油擦拭。

（8）酸、碱性清洁剂常用于处理地面顽固性污渍（如水泥垢），用后须彻底冲洗干净，以免腐蚀物体表面。

（9）严禁含氯漂白剂与酸性清洁剂混用。

五、柏油路面清洁操作规程

1. 目的

保持柏油路面干净，整洁。

2. 适用范围

适用于柏油路面的清洁。

3. 职责

保洁员负责砖路地面的清洁。

4. 内容

（1）用扫把清扫柏油路面一遍，将垃圾收起放入垃圾筒，对于有沙土之处应用小扫把认真清扫，确保地面无明显沙土。

（2）拔除砖缝间杂草，刷洗砖面的青苔。

（3）地面停车位上如有汽车漏油应及时清洗，如砖块高低不平应将砖底刨低重新放置砖块。

（4）巡回保洁，及时扫除路面杂物。

（5）路面定期冲洗，保持表面无明显灰尘、泥土、污渍。

六、玻璃门、窗清洁操作规程

1. 目的

确保玻璃门、窗干净、整洁。

2. 适用范围

适用于玻璃门、窗的清洁。

3. 职责

保洁员负责玻璃门、窗的清洁。

4. 内容

（1）备：玻璃刮、毛巾、刀片、地拖、清洁剂。

（2）先用刀片刮掉玻璃上污迹。

（3）按玻璃清洁剂与水1∶5的比例兑好清洁液。

（4）把浸有玻璃清洁溶液的毛巾裹在玻璃刮上（或者用涂水器），然后用适宜的力度按在玻璃顶端从上往下垂直洗抹。

（5）清洗涂水完毕后，用玻璃刮刀均匀刮除玻璃上的水分，并同时用毛巾抹干净玻璃刮刀上的水分。

（6）一洗一刮连贯进行，用玻璃刮均匀刮掉水分后，用毛巾抹干玻璃刮上的水分。

（7）玻璃上的水分刮干净后，再用干毛巾将玻璃边角上的水抹干。

（8）最后用地拖抹地面上污水。

（9）清洗高处玻璃时，可把玻璃刮套在伸缩杆上进行，人员流动的地方需摆放"高空作业"标识牌。

七、公共区域清洁标准作业规程

（一）目的

保证环境洁净。

（二）适用范围

管辖区域的公共环境清洁工作。

（三）职责

（1）清洁员按各自岗位工作程序具体实施日常清洁工作。

（2）保洁分管经理负责对清洁工作进行指导、巡查。

（四）内容

1. 公共路面、走道、地面停车场及车道清洁

（1）每日用竹扫把清扫物业辖区内外公共路面、走道、地面停车场及车道一遍，将垃圾收起放入垃圾筒或垃圾袋内，对于有沙土之处应用小扫把认真清扫，确保地面无明显沙土。

（2）每天对地面保洁，及时清扫地面纸屑、果皮、烟头、积水等，使地面保持干净、无杂物、无积水。

（3）每日清理沙井、雨水槽内杂物，确保其内无杂物。

（4）每周对路牙、台阶进行清洁，确保路牙、路基、台阶表面无污迹。

（5）每月用水对公共路面、走道、地面停车场及车道进行冲洗，使地面无浮尘、无明显污迹（冲洗工作应安排在晚上或清晨8时前进行，冲洗后及时扫干净，保证无积水）。

2. 垃圾的收集及清运处理

（1）每日晚下班前应清除设置于各区域（各楼层）的垃圾筒、垃圾箱、烟灰筒、茶叶筐等临时存放垃圾的容器垃圾，收集清运时，用垃圾袋装好，并选择适宜的通道和时间，有电梯的，只能使用货运电梯或消防梯，不可使用客梯。

（2）在清除垃圾时，不能将垃圾散落在楼梯、楼面或路面上。

（3）要注意安全，不能将垃圾或纸盒从上往下扔，或抛传、抛递。

（4）倾倒垃圾后，用水或清洁工具将各临时盛装垃圾的容器清洗干净，将垃圾袋洗净套上。

（5）垃圾清运要日产日清，并做到按规定时间清运。

（6）垃圾清理过程要必须做到彻底清理。

（7）垃圾不能及时清运的，请示分管经理协调客户共同清理。

3. 洗手间的清洁

（1）清洁程序。①准备：工作前，应备好清洁洗手间的基本清洁工具和清洁材料，门口竖立"正在清洁"指示牌。②冲洗：进入洗手间，首先放水将卫生洁具冲洗干净。③清倒：扫除地面垃圾，清倒纸篓、垃圾桶。④清洗：按照先洗台、面盆、后尿池、便桶的顺序，逐项逐个刷洗卫生洁具。卫生洁具要用专用刷子、抹布、百洁布、海绵块等工具配合专用清洁剂刷洗。⑤抹净：用抹布抹净门窗、窗台、隔板、墙面、镜面。⑥拖

干：用地拖抹净地面，使地面保持干爽，不留水迹。⑦补充：及时补充手纸、洗手液（或香皂）香球、垃圾袋等。⑧喷洒：按规定喷洒除臭剂、空气清新剂。⑨撤离：收拾所有清洁工具、清洁物料。撤去"正在清洁"指示牌，把门窗关好。

（2）注意事项。①清洗洗手间时，应在现场竖立"正在清洁"指示牌，以便客户注意并予以配合。②清洗洗手间所用的器具应专用，使用后应定期消毒，并与其他清洁工具分开保管。③保洁人员应该自我保护，保洁时戴保护手套，预防细菌感染，防止清洁剂损害皮肤。④注意洗手间的通风，按规定开关通风扇或窗扇。

4. 补充作业规程

（1）对每天工作中发现的损坏物品情况做好记录。具体记录内容：工作区域内任何物品的损坏情况；所有公共照明路灯、标示牌、门锁、楼道玻璃、消防设备等一切被发现的损坏情况。

（2）责任。被发现的物品损坏情况应立即记录及时反映给分管经理。

实训 3　景区卫生保洁实操规范实训

一、实训目的

通过实训，学生能够具备景区环境卫生管理人员必备的职业素养和卫生保洁操作技能，具有检查指导基层保洁员规范操作的能力。

二、实训要求

1. 了解景区服务的标准化和规范化。

2. 了解景区卫生作业的操作规程。

3. 具备卫生作业规范操作基本技能。

三、实训时间

本实训环节共 3 学时 135 分钟，老师布置任务 15 分钟，学习操作规程及规范操练 75 分钟，操作演示 45 分钟。

四、实训方式

1. 全班分为 5 个小组。

2. 老师指导学生认真学习了解景区卫生作业的操作规程。

3. 在学校或教室，划定每组保洁区域，每人按操作规程完成抹物、拖地、扫地等作业程序，小组成员针对其规范性操作互评，按满分 100 分给出评定分数。

4. 每组选出代表复述操作规程并演示操作过程。

五、实训评分

实训指导教师根据学生互评分数及主动积极性按百分制记分。

六、评分表

景区卫生保洁实操规范实训测评表

组别：_____ 姓名：_____ 时间：_____

项目		标准分	教师评分
操作规范	按操作规程规范操作	60	
实训态度	积极主动认真	40	
合计得分			

考核时间： 年 月 日 考评教师（签名）：

第五节 景区环卫监管工作流程认知与实训（以世博园为例）

环卫监管工作主要分为两个方面：①环境卫生作业质量监管；②环境卫生作业规范监管。

一、环卫作业质量监管流程

园区清扫保洁质量、水域保洁质量、厕所保洁质量、公共设施保洁质量监控流程、垃圾收运环境卫生质量监控流程相同，监控内容不同。

1. 检查实施

（1）作业单位每天自行开展自查活动，对管辖的片区环卫作业质量进行常规检查或抽样调查。

（2）管理部门以周为检查周期，每周进行不少于3次的现场质量抽查，对区域范围内的全部类别环境卫生对象进行检查。

（3）在全面检查的基础上，对片区或环境卫生类别进行抽样调查，着重抽查特殊区域、专项作业类别或者在特定时间进行突击性检查。

（4）以月为检查周期检查服务商台账。

2. 记录

（1）作业单位对道路、广场、高架步道、水域、厕所、公共设施进行保洁质量自查后，详细记录检查日期、地点、对象、环境卫生质量情况等信息，检查记录留存备查。

（2）管理部门进行全面检查或抽样检查后，详细记录检查日期、地点、对象、环境卫生质量情况、存在的问题等信息。

（3）检查记录需由检查人签字，检查记录应及时保存、存档。

（4）记录填写完毕后，不得随意修改。

3. 判断

（1）作业单位及管理部门在检查时应对所检查的环境卫生项目是否存在问题进行判断。

（2）判断问题的严重性程度。

（3）考虑产生问题的原因。

（4）对下一步解决问题的方向做出判断，并提出整改意见。

4. 信息反馈

（1）管理部门在检查后发现检查不合格者，以书面或口头形式向服务商进行通报。

（2）如服务商未及时响应，将此情况上报设施和环境管理部，设施和环境管理部以书面形式给予警告并记录在案。

（3）服务商整改后将整改情况上报管理部门。

（4）管理部门对服务商台账进行检查后在 3 天内公布服务商检查结果。

5. 整改复查

（1）服务商在接到管理部门的整改通知后应即时进行整改，整改后通知管理部门复查。

（2）管理部门对整改后的项目进行检查，如仍有缺陷，则要求再次整改，直至达到标准为止。

6. 检查汇总

（1）服务商每月汇总一次自查检查表，上交给管理部门。

（2）管理部门每月全面检查及抽查的检查表由管理部门自行汇总。

（3）管理部门对服务商每月度上交的台账进行汇总。

（4）所有检查记录按一定的格式及要求进行处理汇总，形成质量分析所需要的文件。

二、环卫作业质量检查考核内容

（一）生活垃圾收运检查考核主要内容

（1）世博会园区的垃圾主要分为生活垃圾、餐厨垃圾、大件垃圾、建筑垃圾。各类垃圾应分类收集、分类运输。

（2）生活垃圾按可回收物、有害垃圾、其余垃圾进行分类收集。垃圾收集容器（含废物箱）应有明显的分类标志。

（3）垃圾收集容器（含废物箱）、集装箱、收运车辆等必须密闭、完好，外观整洁、无污迹、无积灰。

（4）垃圾收集容器（含废物箱）、集装箱、气力输送系统垃圾投放口、压缩收集站、气力输送系统收集站等处周围无明显异味。

（5）世博会园区内，开馆期间垃圾收运车辆尾气排放达到零排放标准，闭馆期间垃圾收运车辆尾气排放达到欧Ⅲ以上排放标准。

（6）垃圾收运设施、设备、场所的清洗以及消毒不得造成二次污染，污水须排入污水管网。

（7）垃圾收运设施、设备明显位置应标有作业单位名称或图标。

（8）垃圾收运作业记录应完整、清晰。

（9）应由具有资质的专业单位进行垃圾的收运作业。

（二）道路及公共场所清扫保洁检查考核主要内容

1. 道路及公共场所

（1）闭馆期间作业车辆尾气排放应达到欧Ⅲ及以上标准，开馆期间作业车辆尾气排放应达到"零排放"标准。

（2）清扫保洁作业过程中无明显扬尘。

（3）整体感观应清洁，无烟头、废纸、塑料袋及包装物、瓜果皮核等各类废弃物。路面干净、无痰迹、无废弃物、无积水。

（4）人行道侧石无积泥及各类废弃物。

（5）道路排水算不堵塞，周围没有成片积水。

（6）交通隔离栏、扶栏、电梯等设施无乱涂写、乱张贴、乱刻画，无废弃物、无积水。

2. 绿化带

（1）整体感观应清洁，无烟头、废纸、塑料袋及包装物、瓜果皮核等各类废弃物。

（2）树木上不得有与绿化无关的物品。

（3）清扫保洁作业控制在标准定量要求之内。

3. 水域保洁检查考核主要内容

（1）园区内水面整洁，无漂浮垃圾，无水葫芦和绿萍，可视范围内基本无漂浮物，存在3处零星漂浮废弃物的，应及时清除。

（2）延伸区域水面整洁，基本无聚集漂浮物，可视范围内基本无漂浮物，存在4处零星漂浮废弃物的，应及时清除。

（3）防汛墙、驳岸外立面应保持整洁，无污迹、无乱招贴、无涂写、无吊挂。

（4）岸线与水面交界处退潮露滩时，残留废弃物应及时清除。

（5）护坡、护岸应保持整洁，无废弃物残留。

（6）各类拦截设施外形保持完好，漂浮垃圾不得外溢。

（7）沿岸滩涂干净、整洁，防汛墙无乱张贴、乱涂写、乱吊挂。

（8）水门与水面交接处基本无漂浮物，不得有水葫芦、废弃物聚集。

4. 公共厕所保洁检查考核主要内容

（1）公共厕所应配备工作人员，工作人员着装统一、整齐、干净。

（2）公共厕所外墙周围 3~5m 范围内保持整洁，无乱张贴、乱涂写、乱刻画、乱吊挂、乱堆放。

（3）公共厕所外墙周围 3~5m 范围内保持环境卫生整洁，无垃圾、粪便、污水、污迹、渣土，无蚊蝇滋生。

（4）坡道、台阶完好无破损、无障碍物、无杂物、无痰迹、无积水。

（5）标识清洁、端正，无破损、残缺、锈迹。

（6）公共厕所内的地面应整洁，无积水、无泥印、无杂物。

（7）蹲便器、坐便器外侧应无水锈、粪便、污物；蹲便器、坐便器内无积粪、污垢，洁净见底，保持管道畅通。

（8）小便槽（斗、池）应无水锈、尿垢、污物，基本无臭味；沟眼、管道应保持畅通。

（9）分隔板应光洁，无积灰、污迹、蛛网，无乱涂写。

（10）厕内设备整洁、完好、无污迹。

（11）公共厕所内厕内环境采光、照明和通风应良好，基本无臭味。

（12）工具间（箱）应保持整洁，无异味。

（13）蹲便器、小便槽（斗、池）、扶手、洗手器具应安全、卫生，做好卫生消毒。

三、环卫作业规范监管流程

园区清扫保洁作业规范、水域保洁作业规范、厕所保洁作业规范、公共设施保洁作业规范、垃圾收运环境卫生作业规范监控流程相同，监控内容不同。

1. 检查实施

（1）作业单位每天自行开展自查活动，对管辖的片区保洁人员、机械操作人员的作业规范进行检查。

（2）管理部门以周为检查周期，每周进行不少于 3 次的现场作业规范抽查，对区域范围内的全部作业人员以及工作流程等进行检查。

（3）在全面检查的基础上，对作业工种或者某项作业规范进行抽样调查，着重抽查特殊区域作业人员或者在特定时间进行突击性检查。

（4）以月为检查周期检查服务商有关作业规范等的台账。

2. 记录

（1）作业单位对保洁人员、机械操作人员的作业规范、作业流程情况进行自查后，详细记录检查日期、地点、作业人员、人员作业规范情况等信息。

（2）管理部门进行全面检查或抽样检查后，详细记录检查日期、地点、对象、人员作业规范情况、存在的问题等信息。

（3）检查记录需由检查人签字，检查记录应及时保存、存档。

（4）记录填写完毕后，不得随意修改。

3. 判断

（1）作业单位及管理部门在检查时应对所检查的作业规范是否存在不规范现象问题进行判断。

（2）判断问题的严重性程度。

（3）考虑产生问题的原因。

（4）对下一步解决问题的方向做出判断。

（5）判断是否需要修改作业流程。

4. 信息反馈

（1）管理部门在检查后发现检查不合格者，以书面或口头形式向服务商进行通报。

（2）如服务商未及时响应，将此情况上报设施和环境管理部，设施和环境管理部以书面形式给予警告并记录在案。

（3）服务商整改后将整改情况上报管理部门。

（4）管理部门对服务商台账进行检查后在3天内公布服务商检查结果。

5. 整改复查

（1）服务商在接到管理部门的整改通知后应即时进行整改，整改后通知管理部门复查。

（2）管理部门对整改后的项目进行检查，如仍有缺陷，则要求再次整改，直至达到标准为止。

6. 检查汇总

（1）服务商每月汇总一次自查检查表，上交给管理部门。

（2）每月全面检查及抽查的检查表由管理部门自行汇总。

（3）管理部门对服务商每月上交的台账进行汇总。

（4）所有检查记录按一定的格式及要求进行处理汇总，形成质量分析所需要的文件。

四、环卫作业规范检查考核内容

1. 垃圾收集运输作业规范检查考核主要内容

（1）垃圾收运作业时，各类垃圾应分开装运，不得将已分类的垃圾再混合装运。世博会园区开馆期间垃圾采用尾气"零排放"的小型车辆收运，闭馆期间采用尾气排放达到欧Ⅲ以上标准的大中型车辆集中清运。

（2）垃圾应按指定时间、路线进行收运。

（3）当天作业完成后应对垃圾收集设施、车辆、工具、场地等进行清洗和维护，保持清洁、完好。清洗污水不得随意排放，应排入污水管网。

（4）蚊蝇滋生季节，垃圾收集间、压缩收集站及气力输送系统收集站应每天喷药灭蚊蝇。

（5）应采用环保、无污染的清洗、消毒、除臭等药剂及作业工具。

（6）垃圾收集容器（含废物箱）、集装箱、收运车辆和作业工具等应定点放置，放置位置应便于使用，并于当天作业完成后及时归位。

（7）压缩收集站及气力输送系统收集站、垃圾收运车辆应完整、清晰地进行运行记录。

（8）垃圾收运作业人员应统一着装、标识明显。

2. 道路及公共场所清扫保洁作业规范检查考核主要内容

（1）清扫保洁作业采用夜间集中清扫作业、日间巡回保洁的维护方式，闭馆与开馆前实行机械化集中普扫作业，开馆期间实行全天候不间断巡回。

（2）人工保洁作业为主、小型环保车辆保洁作业为辅，特殊时期（人流高峰期、贵宾参观或雨天）应增加保洁次数。

（3）应选择环保、高效、经济、实用的清扫保洁车辆和设备。

（4）应采用"清、扫、洗、冲、刮、吸、查、复、护、巡"组合保洁法，实施全方位、多层次作业，防止二次污染，严防扬尘飞散。

（5）做好车辆保洁和维护，保持车容整洁、性能良好。

（6）作业前应对作业设备进行检查，保证设备完好、电瓶电量充足。

（7）应使用对人体无毒无害的清洁剂。

（8）清扫保洁作业应做到文明、安全、卫生和高效，最大限度减少环境污染和对园区参观者及交通的影响。

（9）应制订作业计划及道路环境突发事件应急预案。

3. 水域保洁作业规范检查考核主要内容

（1）应使用与保洁水域船检规范相符、与世博会园区整体环境相协调，以及外形美观的保洁船只、废弃物收集设施。

（2）船体整洁、完好、无污渍、破损，设施整洁、完好，无残余物品吊挂。

（3）作业后货物舱密闭，无散落垃圾，废弃物不应收集后再次散落、飘洒下河。

（4）应制定突发事件水域环境保障应急预案，具备应急保洁作业能力。

（5）水面保洁应根据作业区要求和作业条件确定和调整作业时间。

（6）水面保洁机械作业应提高漂浮物扫净率并防止散落，避免形成二次污染。

（7）在不能机械作业的情况下采用人工作业，作业过程亦应提高漂浮物扫净率并防止收集、运输过程中的二次污染。

（8）在漂浮物易聚集处所设置聚集筏、双体浮筏等辅助打捞设施，应采取密闭措施，避免垃圾暴露影响周边环境。

（9）垃圾拦截设施内的废弃物不得满溢，并保持设施周边水域的整洁。

（10）打捞作业结束后，保洁船应在指定场所倾卸，做到日产日清，不得存留废弃物。

4. 公共厕所保洁作业规范检查考核主要内容

（1）开馆期间巡回保洁；闭馆后清扫保洁作业；开馆前检查、确认、完善。

（2）作业用具应分类使用，不得混用。

（3）应针对人流突然增多等突发情况制定应急措施。

（4）检查公共厕所的便器、冲水、洗手、照明、通风、排污等设施设备状况，保证正常使用。

（5）清除设施设备、服务台、地面等浮灰；清扫公共厕所门前场地，保持整洁。

（6）雨天应铺设防滑垫，设置国家规定的防滑标志。

（7）及时清除便器、洗手台、洗手盆、镜面、地面等设施设备的污迹。

（8）及时清除烟缸、垃圾容器内废弃物，确保不满溢。

（9）及时补充厕所应配置的服务用品，确保供应。

（10）公共厕所排污管道堵塞或粪便满溢应立即疏通；排污管道严重堵塞、设施设备损坏应及时报修，6小时内修复完毕。

（11）地面保洁时，应设置防滑标志，对便器、便池进行保洁时，应设置标有"正在保洁"等提示语的提示牌。

（12）公共厕所关门后保洁作业规范要求：①清洁便器、冲水、洗手、照明、通风、排污等设施设备，并保持设施设备清洁卫生完好，做好公共厕所内外环境的卫生保洁工作；②清除厕所内各种废弃物，补充厕所应配置的服务用品，并喷洒消毒液；③各项保洁工作完毕后，清洁工具间（或工具箱），将保洁工具清洁干净、摆放整齐；④关闭公共厕所内水阀、切断电源，确定公共厕所内已经无人后关好门窗，确保安全。

实训 4　景区环境卫生督查实训

一、实训目的

通过实训，使学生了解环境卫生作业质量监管和环境卫生作业规范监管流程，初步具备完成环境卫生督察工作的能力。

二、实训时间

本实训环节共6学时270分钟，老师课前布置任务，学生课前制订记录表格，景区督查4课时180分钟，表格整理及问题附文45分钟，讨论30分钟，老师点评15分钟。

三、实训方式

1. 全班分为5个小组。

2. 认真学习世博园环卫监管工作流程示例。根据示例制作环境卫生作业质量监管抽查记录表（详细记录检查日期、地点、对象、环境卫生质量情况、存在的问题等信息）、环境卫生作业规范监管抽查记录表（详细记录检查日期、地点、对象、人员作业规范情况、存在的问题等信息）以及卫生检查评分表。

3. 选定一处当地景区，分组按流程分别抽查景区垃圾收集运输、道路及公共场所清扫、水域保洁、厕所保洁等。

4. 整理好记录，附文说明存在哪些问题，问题严重程度并分析产生原因，提供解决问题参考方案。

5. 小组讨论并记录：卫生抽查如何才能起到严格监管的作用？

6. 实训指导教师每组指导点评。

四、实训评分

1. 实训指导教师根据学生制作的卫生作业质量监管和作业规范监管记录表及问题反馈、景区卫生督查的态度及讨论进行评分。

2. 按百分制记分，景区督查 40 分，记录表及反馈附文 40 分，讨论 20 分。

五、评分表

景区环境卫生督察实训评分表

组别：_____ 姓名：_____ 时间：_____

项目		标准分	教师评分
卫生作业质量监管 卫生作业规范监管	景区督查认真	40	
	记录表完善	20	
	问题反馈 附文条理清晰	20	
讨论	主动积极	20	
合计得分			

考核时间： 年 月 日 考评教师（签名）：

附：公厕抽查记录表示例

_____步道沿线公厕抽查记录表

日期	值班人	上午	下午	接受检查的各项内容				督查领导	备注
				地面	垃圾筐	洗脸盆	气味		

续表

日期	值班人	上午	下午	接受检查的各项内容				督查领导	备注
				地面	垃圾筐	洗脸盆	气味		

1. 检查时请在不合格的内容框内打"×"，"上下午"栏请填写具体时间。
2. "值班人"一栏为保洁人员签名。
3. 每月 1 日请将此表印 2 份放于各厕所门后张贴，以便监督。

第六节　公共场所卫生管理知识认知与实训

一、公共场所的概念

公共场所是人类生活环境的组成部分之一，是公众从事各种社会活动的场所。公共场所是在自然环境或人工环境的基础上，根据公众生活活动和社会活动的需要，由人工建成的具有多种服务功能的封闭式（如宾馆、展览馆等）和开放式（如公园、体育场等）的公共建筑设施，是供公众进行学习、工作、度假、娱乐、购物、美容等活动的临时性生活环境。很显然，旅游景区属于公共场所。

二、公共场所的卫生学特点

从卫生学的角度来看，公共场所的主要特点有以下几点。
（1）人群密集，流动性大，易混杂各种污染源。
（2）设备及物品供人群重复使用，易造成污染。
（3）健康与非健康个体混杂，易造成疾病特别是传染病的传播。

三、公共场所的分类

我国公共场所种类很多，根据国务院 1987 年 4 月 1 日发布的《公共场所卫生管理条例》规定，目前需依法进行卫生监测的公共场所共分 7 类 28 种。
（1）住宿与交际场所（8 种）：宾馆、饭馆、旅馆、招待所、车马店、咖啡馆、酒吧、茶座。
（2）洗浴与美容场所（3 种）：公共浴室、理发店、美容店。
（3）文化娱乐场所（5 种）：影剧院、录像厅（室）、游艺厅、舞厅、音乐厅。
（4）体育与游乐场所（3 种）：体育场（馆）、游泳场（馆）、公园。

（5）文化交流场所（4种）：展览馆、博物馆、美术馆、图书馆。

（6）购物场所（2种）：商场（店）、书店。

（7）就诊与交通场所（3种）：候诊室、候车（机、船）室、公共交通工具（汽车、火车、飞机和轮船）。

四、主要公共场所对健康的影响

（1）住宿与交际场所：宾馆、旅店、招待所在各类公共场所中是顾客停留时间最长、对广大顾客身心健康影响最大的一类公共场所。在卫生条件不完善的宾馆、旅店住宿的旅客容易患的疾病主要有：空调中不清洁空气引起的军团菌病，空气负离子减少所致的空调症（全身不适、易疲乏等），地毯等不经常打扫导致尘螨引起的过敏症等。

（2）洗浴与美容场所：公共浴池由于多人共用同一浴池，易造成污染，引起皮肤癣、阴道滴虫病、肠道传染病、寄生虫病和性病的传播和流行；理发、美容业对健康可引起的不良影响既有化学性的，也有生物性的，前者常见的有化妆品使用不当所致的皮肤过敏和色素沉着，后者常见的有头癣、化脓性球菌感染、急性出血性结膜炎、呼吸道疾病，以及经创面传播乙型肝炎等。

（3）文化娱乐场所：档次低的文化娱乐场所建筑条件差，加之管理不好，场内往往拥挤不堪，卫生设备不全，吸烟普遍，从而经常出现空气污染、用具不洁、光线过强或过弱、噪声刺耳、视距视角不合理，使观众感到疲乏、头晕嗜睡甚至恶心等，而且容易引起呼吸系统和肠道传染病的传播。

（4）体育与游乐场所：在游泳过程中，游泳者的汗液、尿液的排出和皮肤污垢进入池水，导致水质质量下降。水质污染的程度随着游泳者人数的增多而加重。由于游泳池水质受到污染，可引起脚癣、游泳池咽炎、流行性出血性结膜炎、传染性软疣、中耳炎等传播。在游泳过程中，由于水温较低易引起肌肉痉挛。

（5）文化交流场所：展览馆、博物馆、美术馆、图书馆是人们进行文化交流的场所，需要适宜的微小气候、空气质量及台面照度。如果条件不合适，不仅影响人们的观看效果，而且对健康有害。如照度过低，会使视力下降；甲醛、灰尘浓度过高可引起过敏反应等。

（6）购物场所：人群聚集的营业厅，人体释放出的热量、水汽、二氧化碳和臭气，某些商品或包装散发出的有害气体等都可使空气污染而有害健康。人群中一部分有传染病的患者，通过谈话及触摸商品、柜台和扶手等，极易将病原微生物传给他人。商场（店）内人声嘈杂，以及试听家电音响等均造成噪声污染，都会对顾客的健康产生不利影响。

（7）就诊与交通场所：①医院候诊室：候诊室往往是患者在门诊就医过程中停留时间最长的场所，人群密集，且多为患病者，大都抵抗力低下，易感染疾病（特别是呼吸道传染病），加之心理承受能力也差，因此候诊室应保持安静、清洁。若不注意，候诊室的空气质量常会因候诊人数众多而恶化，病人再与具有传染性疾病的患者接触，更易

发生交叉感染。候诊室的厕所除供患者便溺外，还供患者留取粪、尿标本，就诊者通过其门把手和水龙头受污染的机会较多，易于传播疾病。②公共交通场所：人们远距离旅行，长时间乘坐在空间有限的交通工具内，往往由于人员拥挤，健康人与病人接触时间较长，加之乘坐者都处于疲劳和饮食生活规律改变状态，抵抗力降低，更易引起身心健康失调和感染疾病。

五、公共场所卫生监测工作

公共场所卫生工作的核心是：创造良好、方便、舒适和卫生的生活环境，预防疾病，保障公众健康。

因此，卫生行政部门根据各类公共场所的不同要求，制定了相应的卫生标准及监测规范，使疾病预防控制机构能按照配套的标准要求进行卫生监测和管理，保障广大消费者的身心健康。现阶段公共场所单位卫生监测的主要依据有《公共场所卫生管理条例》《公共场所卫生标准》《公共场所卫生监测技术规范》和《公共场所用品卫生标准》等法规和标准文件。这些文件及标准根据不同类型的公共场所提出了相应的卫生标准和要求，在各类公共场所单位中所涉及的卫生指标包括：温度、相对湿度、风速、一氧化碳、二氧化碳、可吸入颗粒物、细菌总数、照度、噪声等卫生标准。针对上述卫生指标，在《公共场所卫生标准》中均做出了详细的规定，制定了相应的卫生标准，要求公共场所卫生单位提供适宜的室内微小气候和空气质量。同时对公共场所提供给客人使用的各类公共用具规定了消毒要求，公共场所提供的各类公共用具包括毛巾、床单、茶具、浴巾、理发用具、餐具、拖鞋等，主要涉及的卫生指标有细菌总数、大肠菌群、金黄色葡萄球菌、霉菌等，各类公共用具在提供给客人使用前，需进行消毒达到标准，确保顾客的身体健康。

实训 5　景区公共卫生知识培训任务实训

一、实训目的

通过实训，学生能够掌握景区公共场所卫生常识，具备个人和公共卫生意识；尝试完成一次卫生知识培训任务，初步具有承担员工卫生知识培训的能力。

二、实训要求

1. 了解《公共场所卫生管理条例实施细则》内容。
2. 具有个人卫生意识和习惯。
3. 掌握公共场所卫生操作规程、常用消毒方法、传染病的传播途径及预防措施。
4. 能分工协作，收集整理资料，制作培训课件，承担员工公共卫生知识培训任务。

三、实训时间

本实训环节共 4 学时 180 分钟，老师布置任务 15 分钟，资料收集、PPT 制作 75 分钟，PPT 演示讲解 45 分钟。卫生知识测试 30 分钟，老师点评 15 分钟。

四、实训方式

1. 全班分为 5 个小组。

2. 老师预先布置几个公共场所卫生培训主题：个人卫生、公共场所卫生操作规程、常用的消毒方法、传染病的传播途径及预防措施等。

3. 学生课前收集资料。认真查阅公共场所卫生管理法律法规文件：《公共场所卫生管理条例》《公共场所卫生管理条例实施细则》，以及景区公共卫生管理相关的卫生知识资料。

4. 分组抽签，制作景区卫生知识培训讲义 PPT，并就主题设计一套以判断、选择题为主的测试卷。

5. 每组派代表作为培训老师对学生进行培训。

6. 综合几组测试题，进行公共卫生知识测试竞赛。

7. 老师点评。

五、实训评分

实训指导教师根据学生 PPT 制作、演示及测试按百分制记分。

六、评分表

景区公共卫生知识培训任务实训测评表

组别：＿＿＿＿＿＿＿＿ 姓名：＿＿＿＿＿＿＿＿ 时间：＿＿＿＿＿＿＿＿

项目		标准分	教师评分
公共场所卫生知识	PPT 演示课件制作	40	
	卫生知识测试卷制作	20	
培训过程	演示讲解	10	
	卫生知识测试	30	
合计得分			

考核时间： 年 月 日 考评教师（签名）：

第七节 正确引导游客行为的方法与实训

很多游客存在不文明行为，这些不文明旅游行为从根本性危害上看，就是导致旅游景区环境污染，景观质量下降甚至寿命缩短，其最终结果必然是造成旅游景区整体吸引力下降、旅游价值降低。它严重影响和直接威胁着旅游景区（点）的可持续发展。更有

甚者，还可能给景区带来灾难性影响，如违章抽烟、燃放爆竹、违章野炊等行为很容易引起火灾，一旦发生，后果将不堪设想。如何正确引导游客的行为，防范和减少游客不文明行为的产生已经成为旅游景区游客管理工作中的重点问题。

一、游客不文明旅游行为产生的原因

游客的不文明旅游行为产生的原因可能很多，但最主要的应是以下几个方面：

1. 游客在旅游过程中的自律意识松弛

旅游活动是对日常生活的超越和改变，因而游客在旅游过程中不同程度地存在着随意、懒散、放任、无约束的心理倾向。当一个人以游客的身份在异地游览时，往往想摆脱日常生活中的"清规戒律"，道德的约束力量远不及他日常生活圈中那样强大，所以人性中潜在的恶的东西总是自觉或不自觉地流露出来。正是因为旅游是一种暂时性、异地性的活动，游客摆脱了日常生活圈子中众多熟识的目光的监督，所以对自己的行为举止便少了许多顾忌与约束，因而易出现一些不文明的行为。

2. 游客的环保意识不强、生态保护素质低下

文化素养低、环保意识差的游客很少会考虑自己的行为对环境造成的影响，因而最容易在不知不觉中产生不文明行为，但值得注意的是，大量游客有相当高的文化素养，在平常生活中也有明确的环保意识，能约束自己的行为，然而一到景区游览时，便会产生种种与其日常行为迥然不同的不文明行为。对这类游客而言，用环保意识差来概括其不文明旅游行为产生的原因显然是不合适的。就理论层面而言，旅游活动本身的某些特征又不利于游客形成保护环境的愿望，就旅游活动而言，游客不文明行为对环境、景观的消极影响往往是潜移默化的，它所造成的严重后果往往是长期积累所形成的，而游客的游览活动是暂时性、动态性、异地性的，所以游客并不能看到自己的不文明行为的严重后果。这就致使游客一方面对旅游景区环境问题的重要性缺乏认识，另一方面对自己的不文明旅游行为造成的环境污染问题的责任归属感缺乏认知，并且由于众多游客的不文明行为的同时存在，也使游客个体对保护环境的有效性缺乏认知。这些因素决定了游客在游览活动过程中不易形成保护环境的愿望，因而也不易产生保护环境的行为。

3. 景区管理不完善，宣传教育缺乏力度

我国旅游业尚处在发展阶段，游客管理中还有不少不够完善之处，客观上使不文明游客行为难以得到有效制止。不少景区的垃圾箱数量与设置位置不科学，有的景区对游客不文明行为的管理条文没有得到具体落实，或有的条文简单生硬，使人易生逆反心理。一旦游客出现不文明旅游行为，管理部门也往往在"客人是上帝"的片面观念下，疏于处理。没有一套严密、完善的管理体系，客观上助长了游客不文明旅游行为的发生。近10年，我国旅游业高速发展，旅游景区主要侧重于抓基础设施建设和员工的管理，而对游客这一流动性极大的松散群体的道德文明建设尚未引起足够的重视，社会宣

传、教育显然缺乏力度，难以营造应有的旅游行为道德自律氛围，以致许多游客连旅游中应遵守的起码社会公德都不了解，根本未意识到其行为有违社会道德，甚至有违法律。媒体舆论也长期偏重旅游从业人员的道德文明建设，对游客道德建设涉及不多易于给人们留下一种游客是"上帝"而"上帝总是对的""花了钱干什么都有理"的扭曲印象，这种不健全旅游意识的养成，使我们的社会未能形成良好的旅游道德风尚。

4. 游客在旅游过程中占有意识外显和部分游客的故意破坏行为

研究表明，游客在异地的游览过程中除了眼看、耳听、口感之外，还有忍不住想手拿的倾向，如好事者可能偷偷掀下古庙的一片瓦当，恋花者不免要"拈花惹草"，拿不走的就用手摸摸、用刀刻刻，告诉他人"我曾到此一游"。游客在旅游过程中的这种占有意识是乱刻乱画、乱折乱摘、追逐猎杀动物等不文明行为产生的重要原因。还有一部分是游客的故意破坏行为。例如，对眼前的垃圾桶视而不见而把垃圾故意扔入山谷或湖水中；故意破坏旅游设施；在野生动物园中拉扯鸟的羽毛、袭击追杀动物；等等。这种行为的动机一般有两种：一种是纯粹为了寻开心、寻求刺激和快感，有人称这种行为是"为了寻求刺激而对旅游资源的施暴行为"；另一种是为了发泄自己某种不满情绪，把对环境、景观作为发泄心中不满的途径，这类行为造成的破坏相当严重。

二、游客不文明旅游行为的具体表现

游客不文明旅游行为的具体表现是指游客在旅游景区游览过程中有意或无意地有损于旅游景区（点）环境和景观质量的行为。

主要表现为两大类：

一类是游客在景区游览过程中随意丢弃各种废弃物的行为，如随手乱扔废纸、果皮、饮料瓶、塑料袋、烟头等垃圾，随地吐痰、随地便溺等；

另一类是游客在游览过程中不遵守旅游景区的有关游览规定的违章活动行为，如乱攀乱爬，乱涂乱刻乱画，越位游览，违章拍照，违章采集，违章野炊、露营，随意给动物喂食，袭击动物、捕杀动物等。

这种不文明的行为将造成的后果是：第一，给其他游客的游览活动造成视觉污染，影响游兴，破坏环境气氛，进而影响其他游客的游览质量；第二，给旅游景观管理、景区环境管理带来极大的困难；第三，会给自己的人身财产安全带来隐患。

三、正确引导游客行为的方法

从对游客不文明旅游行为产生原因所做的分析可以看出，对游客不文明旅游行为进行引导和管理将是一项比较复杂的系统工程，涉及多个层面、多个环节，需要多方面的共同努力。

1. 宣传、教育引导

政府环保部门、旅游管理部门和旅游景区应加强环境保护问题重要性的宣传，提高

游客的环保意识；要大力宣传旅游活动可能会给环境造成的危害，尤其应让游客认识不文明行为对旅游环境、景观的污染和破坏；政府环保部门应经常性地向游客进行宣传教育、让游客对景区游览与环境的关系问题有正确的认识。

借助景区的宣传栏、宣传广播厅、书籍、旅行指南以及导游解说系统对游客进行环境教育，旅游之前就应明确告诉游客应遵守的规范。特别要注意通过旅游景区服务人员的身体力行和旅游景区周边社区的环保氛围，使游客受到教育和感染。例如，发放旅行指南就是比较直接的引导方式；旅行指南可以形式多样，可通过各种旅游景区宣传品来体现，也可以直接印制在门票的背面，但旅行指南要色彩鲜艳、有一定的吸引力，通过各种途径免费发放给游客，在游客购买门票或进入景区时发放效果最好。这虽然给景区增加了费用，但可以达到预想的宣传效果，让游客感觉到旅游景区对游客的一份关怀。

实践证明，旅游景区通过宣传教育，让游客明白某些行为可能带来负面影响，并告知其正确的旅游行为，鼓励他们按正确的方式进行旅游，这在游客旅游过程中以及旅游过后，都会产生一定的积极作用。只要让游客明白某些旅游行为不正确或不恰当的原因，并鼓励他们采取负责任的旅游行为，他们就会积极响应旅游景区提出的要求，这样就可以引导游客文明旅游，减少游客不文明行为带来的负面影响。宣传教育是引导游客改变不文明旅游行为的较为理想的方式，虽然有不少游客确实具有接受宣传教育的内在动力，但是，游客的旅游动机更多的是享受而不是受教育，典型的旅游动机主要是娱乐，寻求与朋友、家人在一起时的乐趣，这就决定了通过宣传教育引导游客的方法，只能在一定程度上或部分地起作用。

2. 景区提供设施、设备加以引导

旅游景区应提供必要的各种设施、设备以防止游客不文明旅游行为的发生。例如，在适当位置摆放既美观又有趣的垃圾箱，使游客便于也乐于负责任地处理废弃物（中国香港迪士尼乐园就设计了一款能与游客交流的智能垃圾桶，会卖萌、会耍赖，引发游客大笑）。必要的时候通过改变或提供某些设施、设备来控制游客的行为，以便达到限制游客活动行为和区域，避免不文明旅游行为的发生。例如，在明显位置悬挂、摆放规范的旅游标志，多使用一些富于情感性、有文化底蕴的口号，如"留下的只有脚印，带走的只有照片""小草有生命，请足下留情"等，尽量不用或少用生硬的禁止性条文，使游客心理上易于接受，减少逆反心理的产生。

必要时，在需要特别保护的地带，利用警示性标牌和其他措施告诉游客什么可为，什么不可为。例如在旅游高峰期间，遗产类旅游景区会聘用保安、专门服务人员或志愿者，在旅游资源比较容易损耗的地方值勤；在危险地带或禁止游客入内的场所采用拉网、拉绳、种植植物墙等方式引导游客；对于文物，可以采用覆盖、分割、摹写等方式，但过多的保护性引导会影响到旅游景区的真实性，尤其在遗产类旅游景区中应加以注意。

要根据旅游景区内环境承载力的状况，利用门票等经济手段，利用线路设计、分区规划等技术手段对游客进行引导，以达到保护景区内生态系统的目的。如改善维护旅游景区的人行通道，有选择地封闭道路，新建道路，改进停车设施，改变游径难度，对游客进行分流引导。针对部分游客的乱涂乱刻行为，可以设置一些参与性强的项目，或组织游客参与植树等有意义的公益性劳动，证实游客曾"到此一游"，甚至可以考虑设置一段刻画区，专门为游客提供刻画留名的场所。

3. 示范引导

在游客进行旅游的过程中，旅游景区的管理人员、当地居民以及团体游客的带队导游都可以对游客的行为起到最为直接的示范引导作用。特别是在生态旅游过程中，景区管理服务人员的身体力行和生态旅游景区当地居民社区的环保氛围易使游客受到教育和感染。

景区内的管理人员与游客不仅仅是管理与被管理、监督与被监督的关系，更主要的是服务与被服务的关系。景区管理人员在日常管理、监督的同时，更应该随时与游客进行沟通，提供游客所需要的各种信息，并阐明有关注意事项，以实际行动引导游客尊重环境。例如，深圳华侨城景区彻底放弃了曾用过的红袖章、吹哨子、警告牌、罚款牌那些使游客反感的阻吓式的管理方式，而是改由清洁工默默地跟在游客后面将其随手丢弃的杂物扫起。这种跟踪式清扫体现了"游客至上"的服务精神，也是对游客的一种无声而有形的提示。这种氛围启动了游客的自律心理，破坏环境的游客日渐减少。

实践证明，旅游景区当地居民在环境、景观保护方面所发挥的示范作用和监督作用，可以有效地预防一些游客不文明旅游行为的发生，有利于景区环境、景观的保护。如武夷山风景旅游区成立了"风景旅游资源保护协会"，其成员为景区当地居民，这一举措在保护资源环境、发挥示范作用方面取得了很好的成效。张家界国家森林公园附近的当地居民在这方面也表现得很出色。他们总会在游客进入森林公园前提醒游客不要吸烟、用火，以防止森林火灾。

在游客的游览过程中，带队导游在完成组织协调、解说等职责的同时，还应鼓励游客表现出对景区环境、景观负责的行为，预防和制止其不文明的旅游行为，以语言和尊重环境的实际行动达到示范引导游客的目的。由于团体游客对带队导游比较信任，导游的示范引导作用很容易被游客所接受。

由于生态旅游是一种特殊的旅游形式，带有一定的专业性，导游的介绍和引导十分重要，导游的一言一行都直接影响着游客的行动和认识，生态旅游的质量好坏很大程度上取决于导游的素质，生态旅游的导游除了接受普通导游培训外，还必须专门学习生态基础知识和保护区管理方法，并纳入自然保护区管理机构的日常管理和培训，既开展正常的旅游活动，又担负起生态保护的重要使命。

在这一方面，浙江省淳安县旅游局的做法颇有借鉴意义。淳安县是著名的千岛湖风景旅游区所在地，为了保护千岛湖的良好生态环境，该县旅游局明确要求导游员要成为千岛湖的"环保大使"。该局经常为导游员举办环保知识专题讲座，把"千岛湖环境"作为导游上岗、年审培训的必修课，强化导游员的环保意识，要求每个导游员有责任向

游客宣传千岛湖环境保护，还在导游队伍中发起"保护千岛湖，从我做起"的倡议，这些做法取得了良好的效果。

正确引导游客的旅游行为，减少和预防不文明旅游行为对旅游景区的负面影响，是游客和旅游景区管理部门共同的责任。对游客而言，旅游就是为了观光，如果旅游资源受到破坏，将来就会无景可看，因此要实现赏心悦目的旅游需求，就必须自觉地保护眼前、身边的旅游资源，而对于旅游景区管理部门来说，则是责无旁贷。目前我国的旅游景区管理多处于被动管理阶段，一般是出了问题才开始想解决问题的办法，还没有建立一套完整的监控管理体系，特别是对游客行为的监控与管理，除了象征性的景区规章制度以外，没有实质有效的措施。为了保证旅游景区的可持续发展，旅游景区管理者应该真正担负起保护景区资源，保障游客旅游质量的重任。

实训 6　正确引导游客行为的方法实训

一、实训目的

通过实训，学生能够树立景区管理人员必须具备的环境保护责任意识，掌握正确引导游客行为的基本方法。

二、实训要求

1. 了解游客不文明行为产生的原因。

2. 掌握正确引导游客行为的方法。

三、实训时间

本实训环节共 6 学时 270 分钟，景区考察 4 学时 180 分钟，讨论策划 45 分钟，情景剧表演 30 分钟，学生点评 10 分钟，老师点评 5 分钟。

四、实训方式

1. 全班分为 5 个小组。

2. 选定当地景区，从引导方法的三个方面，考察景区在引导游客行为上采用了哪些方法。记录并归类。

3. 小组讨论，头脑风暴，为景区在黄金周来临之际做一引导宣传活动策划，减少或杜绝乱扔垃圾现象。简单写出方案。

4. 每组排练一情景剧，分组表演。场景是几个年轻游客在景区野餐，满地垃圾，作为景区管理人员如何正确引导，让游客心悦诚服，印象深久。

5. 其他组学生为表演评分。每组派一代表点评其方法的可取之处和不足之处。

6. 老师点评。

五、实训评分

实训指导教师对景区考察、方案策划、情景剧表演按百分制记分。

六、评分表

正确引导游客行为的方法实训测评表

组别：_____ 姓名：_____ 时间：_____

项目		标准分	教师评分
正确引导游客 行为方法	景区考察	40	
	方案策划	30	
应变、分析能力	情景剧表演	20	
	学生点评	10	
合计得分			

考核时间：　　年　　月　　日　　考评教师（签名）：

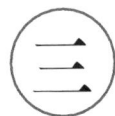

第三章

旅游景区绿化管理

【学习目标】

- **知识目标**

1. 了解景区绿化的作用、基本原则和措施。

2. 熟悉景区观赏植物的分类、配置方式，了解观赏植物配置的注意事项。

3. 了解绿化养护管理的技术措施和养护质量标准。

- **能力目标**

1. 学生能够认识景区常见的观赏植物，对观赏植物的配置有初步的评判能力。

2. 学生能够熟悉景区绿化管理养护技术和质量标准，具有初步的绿化管理督查能力。

第一节　景区绿化管理概述

随着旅游业的发展，旅游景区的绿化建设日益受到重视，现阶段我国旅游景区的绿化率普遍得到增长，旅游景区的自然环境得到了明显的改善，生态与景观融为一体。但是在取得一定成就的同时也出现了很多的问题，当前我国旅游景区的绿化建设思想基本上是城市园林绿化理念的复制，这就使得旅游景区绿化建设对景区的自然生态环境重视不够，旅游景区水系遭破坏、山体被推平、树木被砍伐等破坏性建设屡见不鲜，同时景区植物生态群落单调、树种单一、绿化安全意识淡漠、盲目跟风等，严重影响了景区生态景观环境的形成及改善，造成了一定的资源破坏和浪费。

一、旅游景区绿化的作用

1. 美化景区作用

绿化是美化景区的一个重要手段，花草树木孕育着生命，植物的合理搭配又能产生一定的意境。绿化不仅使景区披上绿装，而且瑰丽的色彩伴以芬芳的花香，点缀在绿树成荫、葱郁葱茏中，可以使景区充满生机，为游客提供清新、优美、舒适的景区环境。

2. 生态作用

（1）改善小气候，调节温度。绿色植物进行光合作用时吸收二氧化碳，释放出氧气，使景区大气中的氧气和二氧化碳气体达到均衡；而蒸腾作用则可以增加空气的湿度，蒸发作用可以吸收景区周边环境部分热量，降低气温。

（2）吸收有害气体。有一些植物能吸收一定量的有害气体，以此来降低大气中有害气体的浓度，从而起到净化大气的作用。

（3）减少粉尘污染。景区绿化植物对灰尘具有滞留、吸附、过滤等作用，植物和树木还能够发挥降低风速、阻挡风沙的作用。因此，绿地、林带对减少景区大气降尘和飘尘量的效果非常显著。

树木花草还可以净化景区水体。例如，凤眼莲能吸收污水中的镉、汞、酚等有毒物质；芦苇能吸收酚及其他 20 多种化合物，还可以消除水中的大肠杆菌，使景区水体得到净化。

（4）降低噪声和震动。研究证明，乔木能吸收 26% 和反射 54% 落在它们身上的声能。树木密集，叶片的多方位和粗糙多毛，均有利于吸收声音，反射的声能也在往复中趋于消失。用灌木与乔木搭配种植，可以形成绿色"声屏"，吸收和隔挡噪声。树木组织起来的森林防护带能减弱工业设备向景区传播的震动。因此，绿化能让景区保持一种安宁的环境。

3. 促进景区生物多样性

生物多样性是人类社会赖以生存和发展的基础。生物是指地球上所有的生物——植物、动物和微生物。生物多样性包括遗传多样性、物种多样性和生态系统多样性二个组成部分或称为三个层次。生物多样性是风景名胜区和景区可持续发展的资源保障。生物多样性对改善景区的生态环境、保护生态平衡和旅游观光有重要作用。植物物种多样性是生物多样性的基础，所以在营建景区绿化工程时应注意选用丰富多样的植物物种，引种、繁殖并培育各种观赏植物品种，为景区生物多样性奠定良好的基础。

二、旅游景区环境绿化的基本原则

1. 植物与景观协调

景区环境绿化要强化景区文化主题，突出重要节点，利用植物丰富景观效果，深化文化意境。要在尊重、保护自然生态资源的前提下，根据景观生态学原理和方法，充分

利用景区原生态山水地形、树木花草、动物、土壤及大自然中的阳光、空气、气候因素等，合理布局，精心设计，创造出接近自然的景区绿色景观环境。要多选择观赏价值高、多功能的园林植物，运用风景美学原理，经科学设计、合理布局，构成一个自然美、艺术美的景区绿化系统。

2. 考虑时空变化

景区环境绿化讲究动态序列景观和静态空间景观的组织。植物的生长变化造就了植物景观的时序变化，极大地丰富了景观的季相构图，形成三时有花、四时有景的效果。植物景观设计要根据空间的大小、树木的种类、姿态、株数的多少及配置方式，运用植物组合美化、组织空间，协调景观环境。

总之，景区绿化设计必须凭借自然物与自然现象所表现的色、态、声、质感、光影、空间层次、时间序列来达成自然美与艺术美的高度统一。

3. 自然景观和人文景观相结合

自然景观是人文景观的依托，人文景观又是自然景观的灵魂，有了灵魂才有境界，有境界才有格调。绿化景观设计要突出景区历史文脉的主流，重视景观资源的继承、保护和利用，以自然生态条件和地带性植被为基础，将民俗风情、传统文化、宗教、历史文物等融合在植物景观中，使植物景观具有明显的地域性和文化性特征，产生可识别性和特色性。

4. 因地制宜原则

要根据景区生态环境的不同，因地制宜地选择适当的植物种类，使植物本身的生态习性与栽植地点的环境条件相适应。充分考虑景区地带的本地环境，以地带性本土植物为主，本土植物是在本地长期生存并保留下来的植物，它们在长期的生长进化过程中已经对周围环境有了高度的适应性，因此，本土植物对于当地来说是最适宜生长的，也是体现当地特色的主要因素，它理所当然地成为景区绿化的主要来源。同时，适当引进外来树种，采用多树种、多林种、乔灌草木相结合的方法，丰富景区植物景观。设计绿化方案时，还应该考虑充分利用原有地形地貌，尽量减少土方工程。

5. 生物和景观多样性原则

根据生态学上"种类多样导致群落稳定性原理"，要使景区绿化稳定、协调发展，就必须充实生物的多样性。物种多样性是群落多样性的基础，它能提高群落的观赏价值，增强群落的抗逆性和韧性，有利于保持群落的稳定，避免有害生物的入侵。进行绿化树木配置时，必须考虑树木的年龄、季节和气候等变化，使树木呈现出不同的姿色。要注意选择在观形、闻香、赏色、听声等方面有特殊观赏效果的树种，以满足游客不同感官的审美要求。同时，还应该确定整个景区有一两种树种作为基调树种，使之广泛分布于整个景区绿地；并应视不同分区，选择各分区的主调树种，以形成不同分区的不同风景主体。

6. 以人为本的原则

在树种选择时，除了满足植物造景外，还要考虑游客活动的需要和健康与安全，如不宜栽植有毒、有刺、有臭味、有飞絮和飞粉、易招惹蚊蝇、落花落果易伤人、会污染路面的树种。同时，绿化景观设计必须符合人的心理、生理、感性和理性需求，把服务和有益于"人"的健康和舒适作为植物景观设计的根本，体现以人为本，满足游客"人性回归"的渴望，力求创造环境宜人、景色引人、为人所用、尺度适宜、亲切近人、人景交融的环境。

三、旅游景区绿化管理的措施

景区绿化管理可从以下几个方面着手。

1. 景区绿化应纳入景区整体规划，体现地方特色

鼓励建设有特色的景区园林景观，不能只顾绿地占有率，好的绿化可以提升景区档次，从而可以吸引更多的游客。旅游景区绿化建设应请相关专家对景区绿化做整体规划，合理配置各景点绿化，充分利用地方树种，突出特色，尽可能在有效空间内营造出更加丰富合理的绿化空间。

2. 配套设计，配套建设

在旅游景区规划建设的各个阶段，均应有园林工程师的参与，并结合现场具体情况，共同配合完成旅游景区绿化设计。这样有利于充分利用原有的自然条件，便于协调，避免因相互之间工作上的各自为政带来设计上的盲目性。

3. 加强养护管理，完善有关法规，依法治绿

景区绿化中注重栽培而忽视养护现象比较突出。俗语说："三分建，七分养。"首先，为巩固和发展绿化成果，应拿出专项经费，加强景区树木花草的养护管理。其次，应根据景区绿化管理的特点，制定相应的景区绿化保护条例，大力开展有关的绿化法规、政策、方针的宣传教育，提高旅游者、旅游景区管理人员的绿化意识。

要科学管理和养护，建立一套计算机景区绿化管理系统。其内容包括：绿化档案，数据汇总，分析图示，结合多媒体技术，实现动态浏览，实行机械化养护和科学管理。

营造景区良好的绿化环境，需要旅游景区管理人员、规划设计人员、景区旅游开发商以及旅游者共同努力。只要旅游景区管理人员加强管理和养护，规划设计人员相互配合、精心设计，景区旅游开发商加大对旅游景区绿化的投入，旅游者自觉爱护绿地，那么景区绿化存在的问题也将不成为问题了。

【参考阅读】

绿色沙漠

当禁止砍伐的规定得到真正施行时，这片天然林已经失去了往昔的繁茂。尽管如此，和大多数动物一样，小鸟和它的妈妈依然顽强地生活在这里。

人类在自然界的惩罚中终于体会到森林的重要性，数年前就在毁坏的天然林旁边，

种植了大片的人造林。在小鸟的家附近，就是已经初具规模的杨树林，清一色的速生杨，笔直挺拔，排列整齐。

每天，小鸟和它的妈妈外出觅食时，总是从这片杨树林的旁边飞过。在小鸟的心中，一直存着一个巨大的疑惑："为什么妈妈不到这片树林里觅食，甚或把家从残败的天然林搬到这里。"小鸟终于有一天忍不住问了出来。

"孩子啊，"小鸟妈妈意味深长地说道："妈妈早就等你提出这个问题了。这意味你距离成熟又近了一步。你仔细观察一下，你看，这片森林下面的土地光秃秃的，你再看我们的森林，地面上长满了各种灌木和杂草。你再听一听，这片森林除了风吹枝叶的沙沙声，就像死海一样寂静。你再听听我们的森林，各种动物、小虫发出各种声响，一片生机勃勃。"

小鸟看了看、听了听，又想了想日常生活的情景，果然和妈妈说得一模一样。原来，妈妈不是不到杨树林里觅食，而是这里根本无食可觅，是一片活着的死林。

小鸟妈妈接着说："人类用这种单一的方式植树造林，换来的只不过是一片绿色沙漠。"

槐榆柳

2014 年 7 月

附注：绿色沙漠是指大面积的人工林，它不具备天然林自我平衡和相对稳定的生态系统，而是树木种类单一，种植密集，年龄和高矮比较接近，密集单一的树冠遮挡了阳光，抑制了林下灌木层和地表植被的生长，水土保持能力差，也无法给动物提供食物和适宜的栖息环境，生物多样性水平极低，这种森林便被称为"绿色沙漠"。通常在面积很大的一片人工林内，几乎看不到动物，一片孤寂。但是在很小的一片天然林中则会鸟语虫鸣，生机勃勃。

资料来源：https：//wenku. baidu. com/view/805e4c5b76c66137ef061904. html？ from＝search.

实训 1　景区绿化管理认知实训

一、实训目的

通过实训，学生能够了解旅游景区绿化的作用和绿化的原则，树立绿化管理中的生态保护意识。

二、实训时间

本实训环节共 2 学时 90 分钟，老师布置任务 5 分钟，学生分组讨论及准备演讲稿

60 分钟，演讲 20 分钟，老师点评 5 分钟。

三、实训方式

1. 全班分为 5 个小组

2. 课前学生阅读了解景区绿化的作用和原则。就参考阅读"绿色沙漠"一文，查阅"绿色沙漠"关键词，收集了解更多有关"绿色沙漠"的内容。

3. 分组讨论：景区绿化如果只从人类活动来考虑，会导致什么样的后果？在景区绿化中如何避免再造"绿色沙漠"？

4. 每组写一份 3 分钟以内、警惕"绿色沙漠"的讲演稿。

5. 每组派一代表上台做演讲。

6. 老师点评。

四、实训评分

1. 教师根据学生讨论中的参与积极性、演讲稿内容和演讲评分。

2. 按百分制记分，资料收集与阅读 40 分，讨论及演讲稿准备 40 分，演讲 20 分。

五、评分表

景区绿化管理认知实训评分表

组别：_____ 姓名：_____ 时间：_____

	项目	标准分	教师评分
景区绿化管理概述	资料收集与阅读	40	
	讨论积极性	20	
	演讲稿	20	
	演讲	20	
	合计得分		

考核时间：　年　月　日　　考评教师（签名）：

第二节　旅游景区观赏植物的配置认知与实训

植物配置是旅游景区绿化体系的一部分，也是旅游景区建设中的重要内容。它是景点绿化的精品。起着生态平衡和改善环境质量的作用。

一、观赏植物在旅游景区绿化中的作用

（1）观赏植物既是风景素材，也是风景的主题之一。

（2）观赏植物能丰富景点构图，打破旅游景点生硬的轮廓，柔化了游览环境，丰富

了色调。

（3）观赏植物赋予旅游景区时空变化和生气，形成了春夏秋冬不同的景象。

（4）观赏植物能分割空间和隐蔽建筑，美化环境。

二、观赏植物的分类

根据观赏植物的习性，常将观赏植物分为观赏树木、草木花卉、坪地与地被植物几类。

1. 观赏树木类

（1）观赏乔木类：通常有 6 条数十米高的枝干。有明显的主干，根据在一年内的落叶与否，可分为常绿乔木和落叶乔木两类。根据大小又可分为几类，即大乔木类，树干 20 米以上；中乔木类，树高 11~20 米；小乔木类，树高 6~10 米。

（2）观赏灌木类：树体矮小，主干 6 米以下，干茎多从地面而发，有明显主干。

（3）观赏藤木类：能缠绕或攀附他物向上生长的木本植物。

（4）铺地类：干枝等均铺地生长，与地面接触部分可生出不定根而扩大占地面积。如铺地柏等等。

2. 草本花卉类

（1）露地花卉：在自然条件下，完成全部生长过程，不需要保护地，如温床、温室栽培。露地花卉根据生活史可分三类。①一年生花卉：在一个生长周期内完成其生活史的全过程，从播种到开花、结实和枯死均在一个生长季节内完成，故一年生花卉又称为春播花卉，如波斯菊、万寿菊、百日草等。②两年生花卉：在两个生长季节内完成生活史的花卉。当年只生长营养器官，越年后开花、结实、死亡。一般在秋天播种次年春夏开花，故称为秋播花卉，如须苞石竹、紫罗兰、桂竹香、羽衣甘蓝等。③多年生花卉：个体寿命超过两年，能多次开花结果，又因其地下部分的形态有变化而分为四类。a. 宿根花卉：地下部分形态正常，不发生变态，如芍药、萱草、玉簪等；b. 球根花卉：地下部分变态肥大者，如水仙、唐昌蒲、美人蕉、大丽花等；c. 水生花卉：在水中或沼泽地中生长的花卉，如荷花和睡莲等；d. 岩生花卉：指耐旱性强，适合在岩石下栽培的花卉。

（2）温室花卉：原产热带、亚热带及南方温暖地区的花卉，在北方寒冷地方栽培必须在温室内栽培或冬季需要在温室内保护越冬。通常可分为以下几个类型。①一两年生花卉：如瓜叶菊、蒲包花等。②宿根花卉：如万年青、非洲菊、君子兰等。③球根花卉：仙客来、朱顶红、马蹄莲等。④兰科植物：依其生态习性不同，又可分为地生兰类：如春兰、箭兰、惠兰、墨兰等；附生兰类：如万带兰、兜兰等。⑤多浆植物：指茎叶具有发达的储水组织，呈现肥厚的多汁变态的植物，包括：景天科植物、大戟科植物、凤梨科植物、龙舌兰科植物等。⑥蕨类植物：如波士顿蕨、铁线蕨等。⑦食虫植物：如猪笼草、瓶子草。⑧凤梨科植物：如水塔花、筒凤梨等。⑨棕榈科植物：如蒲葵、棕竹、椰子等。⑩花木类：如一品红、变叶木等。⑪水生花卉类：如玉莲、荷花、热带睡莲。

3. 草坪与地被植物

（1）草坪植物：如狗牙根，结缕草等。

（2）地被植物：如三叶草、车轴草等。

三、观赏植物的配置方式

1. 孤植

孤植树表现的是树木的个体美，常作为园林空间的主景。孤植树通常姿态优美，色彩鲜明，芳香馥郁，寿命长而有特色。对孤植植物的要求是：体形巨大，树冠伸展，给人以雄伟、浑厚的艺术感染。周围配置其他树木，应保持合适的观赏距离。在珍贵的古树名木周围，不可栽植其他乔木和灌木，以保持其独特风姿。

用于庇护的孤植树木，要求树冠宽大，枝叶浓密，叶片大，病虫害少，以圆球形、伞形树冠为好。

2. 对植

对植即对称地种植大致相等数量、相互辉映的树木。多应用于大门、建筑物入口、广场或桥头的两旁。对植的方式有对称栽植和非对称栽植，在自然式种植中，则不要求绝对对称，对植时也应保持形态的均衡。

3. 列植

列植也称带植，是成行成带栽植树木，多应用于街道、公路的两旁，或规则式广场的周围，如用作园林景物的背景或隔离措施，一般宜密植，形成树屏。

4. 丛植

组成树丛的树木，通常为2~15株，若配以灌木，总数可达20株。丛植所欣赏的是植物的群体美，其中两株以上不同树种的组合，是园林中普遍应用的方式，可以做主景或配景，也可用作背景或隔离措施，配置宜自然，符合艺术构图规律，力求既能表现植物的群体美，也能看出树种的个体美。

5. 群植

由20株以上的乔木、灌木组成的植物群体，以表现群体美为主，具有"成林"之趣，观赏植物的选择应注意地方特色和四时的变化，旅游景点在配置花木时，应多选择当地的本土树种。因为土生土长的植物存活率高，成长快，而且能突出当地的特色。

在栽植观赏植物时，要考虑时令变化，使旅游景区的园林景色风花雪月、四季常新，力求做到细竹迎春、柳嫩桃红、榆烟杏雨、玉兰飘香、丁香开花、梨树添白、牡丹阶前、芍药怒放、荷莲一片、芙蓉满地、榴开碎锦、菊花浪漫、芦白江湖、枫红山林、蜡梅迎雪、松柏常青。

四、常见观赏植物

1. 常见观花植物

花为最重要的观赏特性，暖温带及亚热带的树种，多集中于春季花开，因此，夏、

秋、冬季及四季开花的树种极为珍贵。如合欢、奕树、木槿（夏季开花）、紫薇、凌霄、美国凌霄、夹竹桃、石榴、栀子、广玉兰、醉鱼草、糯米花、海州常山、红花羊蹄甲、扶桑、蜡梅、梅花、金缕梅、云南山茶、冬樱花、月季等。一些花形奇特的种类很吸引人，如鹤望兰、兜兰、飘带兰、旅人蕉等。赏花时更喜闻香，所以如木香、月季、菊花、桂花、梅花、白玉兰、含笑、叶合、米兰、九里香、木本夜来香、暴马丁香、茉莉、鹰爪花、柑橘类备受欢迎。不同花色形成的绚丽色块、色斑、色带及图案在配植中极为重要。有色有香则更是佳品。根据上述特点，在景观设计时，可配植成色彩园、芳香园、季节园等。

2. 常见观叶植物

很多植物的叶片富于特色。巨大的叶片长可达 6 米、宽 4 米，直上云霄，非常壮观，如董棕、鱼尾葵、巴西棕、高山蒲葵，油棕等都具有巨叶。浮在水上巨大的玉莲叶犹如大圆盘，可承载幼童，吸引众多游客。奇特的叶片如轴搁、山杨、羊蹄甲、马褂木、蜂腰洒金榕、旅人蕉、含羞草等。彩叶树种更是不计其数，如紫叶李、红叶桃、变叶榕、红桑、红背桂、浓红朱蕉，菲白竹、红枫、新疆杨、银白杨等。此外，还有众多的彩叶园艺栽培变种。

3. 观果植物

园林植物的果实也极富观赏价值，奇特的如像耳豆、眼睛豆、秤锤树、腊肠树、神秘果等，巨大的果实如木波罗、柚、番木瓜等；很多果实色彩鲜艳，如紫色的紫珠、葡萄；红色的天目琼花、平枝荀子、小果冬青、南天竺等，蓝色的白檀、十大功劳等，白色的珠兰、红端木、玉果南天竹、雪里果等。

五、旅游景区观赏植物配置应注意的事项

景区绿化的观赏效果和艺术水平的高低，在很大程度上取决于景区植物的选择和配置。如果不注意花色、花期、花叶、树型的搭配，随便栽上几株，就会显得杂乱无章，景观大为逊色。因此，应从不同景区植物特有的观赏性考虑景区植物配置，以便创造优美、长效的风景。

1. 植物配置应体现区域性的特点

像看到椰子就想到海南，说到雪松就想到南京，到了广州就认识木棉，植物配置的基础就是对当地植物、人文、历史传统、乡土特色等的总结。受人文习惯及地理大环境的影响，温度、湿度、降雨、土壤类型等形成不同的自然群落、人文意识和环境特点。植物是有生命的，必须适应特定的环境气候，违反植物的生长特点，再好的植物配置也是空话。

2. 植物配置要有一定文化内涵

就像东西方文化差异一样，景区园林艺术也是一种文化，是艺术的修养，是艺术家智慧的结晶。欧式园林的规整，中式园林的自然，枯山水的日式园林，还有体现了现代

气息的现代园林，都有很强的地域特色。正是这种历史传统、民族文化，园林艺术才会充满生机不断发展。植物配置讲究诗情画意的意境，如岁寒三友松竹梅、梅兰竹菊四君子、松鹤延年，勾勒出一个使人浮想联翩的自然氛围。

3. 植物配置讲究几何构图

第一，层次构图应搭配好乔木灌木的层次，形成强烈的植物群落。第二，控制好比例大小，使之与特定空间相适宜。第三，色彩构图应搭配好常绿和落叶的比例关系及色叶树的点缀，并利用季节变换形成较好的景观效果。第四，构图布置应与环境布局要求相符合。自然型树木种植采用3、5、7奇数种植，呈北斗七星状布置，达到相互搭配、高低合理的效果。

4. 注重树种选择搭配

应尽可能地考虑适宜当地的乡土树种，树多，适应性好，有自身特色。而树形、质感、叶形，需要和环境氛围一致。比如墓园种植采用松柏类常青树种，河边种柳树体现轻盈飘逸的感觉等。同时要根据树木习性选择地位，比如喜阴的种在偏阴的地方，喜阳的种在地势高的地方。根据不同土壤选择不同植物，注意树木间相生相克。为衬托个体美，还要选择树形好、姿态好的种在显眼的地方。考虑环境保护功能，提倡保健树种，利用植物会释放特殊物质的特性，在景区人流、车流较多的区域种植抗污染树种，比如种夹竹桃能吸收有害气体。

5. 注重观花和观叶植物相结合

观赏花木中有一类叶色漂亮、多变的植物，如叶色紫红的红叶李、红枫，秋季变红叶的槭树类，变黄叶的银杏等均很漂亮，和观花植物组合可延长观赏期，同时这些观叶树也可作为主景放在显要位置上。即便是常绿树种也有不同程度的观赏效果，如淡绿色的柳树、草坪，浅绿色的梧桐，深绿色的香樟，暗绿色的油松、云杉等，选择色度对比大的种类进行搭配效果更好。

6. 注意层次，分层配置，色彩搭配是拼花艺术的重要方式

分层配置、色彩搭配是拼花艺术的重要方式。不同的叶色、花色，不同高度的植物搭配，使色彩和层次更加丰富。如1米高的黄杨球、3米高的红叶李、5米高的桧柏和10米高的枫树进行配置，由低到高，四层排列，构成绿、红、黄等多层树丛。不同花期的种类分层配置，可使观赏期延长。

7. 配置植物要有明显的季节性

避免单调、造作和雷同，形成春季繁花似锦，夏季绿树成荫，秋季叶色多变，冬季银装素裹，景观各异，近似自然风光，使游人感到大自然的生机及其变化，有一种身临其境的感觉。按季节变化可选择的树种有早春开花的迎春、桃花、榆叶梅、连翘、丁香等；晚春开花的蔷薇、玫瑰、棣棠等；初夏开花的木槿、紫薇和各种草花等；秋天观叶的枫香、红枫、三角枫、银杏和观果的海棠、山里红等；冬季翠绿的油松、桧柏、龙柏等。总的配置效果应是三季有花、四季有绿，即所谓"春意早临花争艳，夏季浓苍翠不

萧条"的设计原刚。在林木配置中，常绿的比例占 1/3~1/4 较合适，枝叶茂密的比枝叶少的效果好，阔叶树比针叶树效果好，乔灌木搭配的比只种乔木或灌木的效果好，有草坪的比无草坪的效果好，多样种植物比纯林效果好。另外，也可选用一些药用植物、果树等有经济价值的植物来配置，使游人来到林木葱葱、花草繁茂的绿地或漫步在林荫道上，但觉满目青翠心旷神怡，令人流连忘返。

8. 草本花卉可弥补木本花木的不足

木绣球前可植美人蕉，樱花树下配万寿菊和偃柏，可达到三季有花、四季常青的效果。园林植物配置应在色泽、花型、树冠形状和高度、植物寿命和生长势等方面相互协调。同时，还应考虑到每个组合内部植物构成的比例及这种结构本身与游览路线的关系。设计每个组合还应考虑周围裸露的地面、草坪、水池、地表等几个组合之间的关系。

实训 2　景区绿化观赏植物配置认知实训

一、实训目的

通过实训，学生能够了解景区观赏植物配置的基本原则和注意事项。

二、实训要求

1. 了解景区常用观赏植物的名称、观赏特性、生活型结构。

2. 了解景区绿化观赏植物配置应该注意的事项，熟悉旅游景区植物配置中的常见问题。

3. 具有制作图文并茂景区景观宣传资料的能力。

三、实训时间

本实训环节共 6 学时 270 分钟，景区调查 4 学时，资料整理、PPT 制作 60 分钟，PPT 演示 25 分钟。老师点评 5 分钟。

四、实训方式

（1）全班分为 5 个小组。

（2）选定当地景区，在调查区域范围内以植物搭配合理、结构层次科学、种植间距合理、植物种类丰富来选取典型群落。每组选定景区内一景点，在景点区域内选取绿地，在其中定一点，以该点为圆心作直径为 10 米的圆作为样地（称样园法），详细记录该样圆内每棵树木名称、观赏特性、开花时间、生活型结构，拍摄照片，完成景区景观植物配置调查表。

_____景区景观植物配置调查表

序号	植物名称	观赏特性							开花时间				生活型结构							植物配置照片
		观叶	观花	枝干	观果	冠形	香味	其他	春	夏	秋	冬	常绿针叶	常绿阔叶	落叶阔叶	藤木	宿根花卉	草本花卉	草坪	
统计																				

（3）整理调查表和照片，根据观赏植物配置原则和配置的注意事项，制作 PPT，描述其位置及微域环境并进行植物配植评价，每组选一人用 PPT 演示讲解。

（4）教师点评。

五、实训评分

（1）实训指导教师根据学生对景区观赏植物配置调查及 PPT 制作进行评分。

（2）按百分制记分，景区观赏植物配置调查 60 分，PPT 制作 30 分，PPT 演示讲解 10 分。

六、评分表

景区景观植物配置调查评分表

组别：_____　　姓名：_____　　时间：_____

项目		标准分	教师评分
景观植物配置调查	观赏植物认知	20	
	景区观赏植物配置认知	20	
	观赏植物配置评价	20	
	PPT 制作	30	
互动	PPT 演示	10	
合计得分			

考核时间：　　年　　月　　日　　考评教师（签名）：

第三节　景区绿化养护管理的技术措施及标准认知与实训

一、景区绿化养护管理的技术措施

1. 保洁

景区员工按照养护管理分工及岗位责任制，清除绿地垃圾和杂物，包括生活垃圾、景石外石头、砖块、砾石、落地树叶、干枯树枝、板块、烟蒂、纸屑等。每天早上上班时，先清理绿地垃圾。严禁在绿地和其他地方焚烧垃圾，对水池、雕塑和园林小品及绿化配套设施要按要求进行保洁，要全天候地保持绿地干净清洁。

2. 锄草、松土、培土

锄草、松土、培土是养护工作的重要组成部分。经常锄杂草，可防止杂草与草坪生长过程中争水、争肥、争空间，影响草坪的正常生长。草坪草种纯度标准为：一级养护要达到97%以上；二级养护要达到95%以上；三级养护要达到93%以上。对于草坪土壤板结和人为践踏的严重地带，要注意打孔透气，必要时还用沙壤土混合有机肥料铺施，以保障草坪生长整齐划一、青绿度高、弹性好，草面整齐美观。对绿地的花坛、绿篱、垂直绿化、单植灌木和乔木要按要求进行松土和培土。

3. 排灌、施肥

考虑到植物的生长需要、开花特性、季节因素，适当地对不同植物种类进行淋水和施肥，保证肥水充足，要勤淋水、多施肥，并适当进行根外追肥。使草坪保持优良的长势，度过干旱的秋冬天。

4. 补植

对于被破坏的草地和乔木、灌木要及时进行补植，草坪要补植原草种相同的草种、适当密植，补植后加强保养，保一个月内覆盖率达99%以上，使草坪保持完整划一，无秃斑和裸露地块。对灌木和花卉要及时清除死苗，一周内补植为原来的种类，并力求规格与原株接近，以保证优良的景观效果，做到乔木，灌木无缺株、死株，绿篱无断层。景区应加强养护管理，充分发挥绿化的整体效果和美化效果。

5. 修剪造型

根据植物的生长特性和长势、长相适时修剪和造型以加强绿化、美化的效果，草坪的修剪要根据季节和草种的生长发育特性进行，使草的高度保持一致，边缘整齐。

灌木和花卉既要美观，又能适时开花，花多色艳，对灌木和草本花卉在花芽分化前进行修剪，避免把花芽剪掉，花谢后要及时将残花剪去，常年开花的植物要有目的地培养花枝，以使其四季有花。绿篱和花坛整形效果要与周围环境相协调，增强美化效果，精雕细刻，产出精品。

6. 病虫害防治

病虫害对花草树本的危害性很大，轻者影响景观，重者导致植物的死亡，及时做好病虫害的防治工作。以防为主，精心管理，使植物增强抗病虫能力，经常检查，早发现，早处理，采取综合防治、化学防治、物理人工防治和生物防治等方法防止病虫害蔓延和影响植物生长，尽量采用生物防治的办法，以减少对环境的污染，用化学法防治时，一般在晚间喷药，药物用量及对环境的影响要符合环保的要求和标准。草坪、灌木、花卉、乔木单株，若受到病虫危害，最严重的危害率要控制在5%以下。

7. 绿地及设施的维护

绿地维护做到绿地完善，花、草、树木不受破坏，缘地不被侵占，绿地版图完整，无乱摆乱卖乱停乱放的现象、对任何乱占和破坏行为要加以制止，并及时报告。经批准临时借用的绿地，监督限期内恢复原状，如超过审批面积或数量，要立即上报。绿地环境卫生要做到：绿地清洁，无垃圾杂物，无石砾、石块，无干枯树枝、无粪便暴露，无鼠洞和蚊蝇滋生地。

8. 水池和路面的管理

水池的管理要做到保持水面及水池内外清洁，水质良好，水量适度，节约用水，水池美观，不漏水，设施完好无损。要及时清除杂物，定时杀灭蚊子幼虫，定时清洗水池。控制好水的深度，管好水的开关，不浪费水，及时修复受损的池和水池设施；保持绿地路面清洁、美观、完好无损，及时清除路面垃圾、杂物，修补破损路面并保持完好。

9. 防旱、防冻

在旱季，根据天气预报和绿地实际情况，检查花草树木的生长情况，做好防旱、抗旱的组织工作和实施工作，预测出花草树木的缺水时限，进行有效的抗旱工作。景区必须按植物生长规律做好防冻工作，采取有效措施，保持花草、树木的生长。

10. 防台风、抗台风

时刻树立和加强防台风、抗台风的意识，做好防台风、抗台风的准备工作，在台风来袭前加强管理，合理修剪，做好护树和其他设施的加固工作，派专人进行检查，并成立抗台风抢险小组。

二、绿化养护等级质量标准

（一）等级划分原则

根据园林绿化所处的位置重要程度及植物的种类将养护管理由高到低分为一级养护、二级养护和三级养护3种等级。

城市一类道路、风景名胜区的绿化（包括植物和设施）、重要旅游点、造型植物及古树名木的养护管理划为一级养护；

城市二、三类道路、旅游点绿化（包括植物和设施）的养护管理划为二级养护；偏远地方、地段的绿化养护划为三级养护。

（二）绿化养护等级质量标准

1. 一级养护质量标准

（1）绿化充分，植物配置合理，达到黄土不露天。

（2）园林植物达到如下几点。

1）生长势：好。生长超过该树种该规格的平均生长量（平均生长量待以后调查确定）。

2）叶子健壮：①叶色正常，叶大而肥厚，在正常的条件下不黄叶、不焦叶、不卷叶、不落叶，叶上无虫蛀虫网灰尘；②被啃咬的叶片最严重的每株在5%以下（包括5%，以下同）。

3）枝、干健壮：①无明显枯枝、死枝，枝条粗壮，过冬前新梢木质化；②无蛀干害虫的活卵活虫；③介壳虫最严重处主枝干上100平方厘米1头活虫以下（包括1头，以下同），较细的枝条每尺长的一段上在5头活虫以下（包括5头，以下同）；株数都在2%以下（包括2%，以下同）；④树冠完整：分支点合适，主侧枝分布均匀和数量适宜、内膛不乱、通风透光。

4）措施好：按一级技术措施要求认真进行养护。

5）行道树基本无缺株。

6）草坪覆盖率应基本达到100%；

草坪内杂草控制在10%以内；生长茂盛颜色正常，不枯黄；每年修剪暖地型6次以上，冷地型15次以上；无病虫害。

（3）行道树和绿地内无死树，树木修剪合理，树形美观，能及时很好地解决树木与电线、建筑物、交通等之间的矛盾。

（4）绿化生产垃圾（如树枝、树叶、草末等）重点地区路段能做到随产随清，其他地区和路段做到日产日清；绿地整洁，无砖石瓦块、筐和塑料袋等废弃物，并做到经常保洁。

（5）栏杆、园路、桌椅、井盖和牌饰等园林设施完整，做到及时维护和油饰。

（6）无明显的人为损坏，绿地、草坪内无堆物堆料、搭棚或侵占等；行道树树干上无钉拴刻画的现象，树下距树干2m半径范围内无堆物堆料、搭棚设摊、圈栏等影响树木养护管理和生长的现象，2m以内如有，则应有保护措施。

2. 二级养护质量标准

（1）绿化比较充分，植物配置基本合理，基本达到黄土不露天。

（2）园林植物达到如下几点

1）生长势：正常。生长达到该树种该规格的平均生长量。

2）叶子正常：①叶色、大小、薄厚正常；②较严重黄叶、焦叶、卷叶、带虫尿虫网灰尘的株数在2%以下；③被啃咬的叶片最严重的每株在10%以下。

3）枝、干正常：①无明显枯枝、死枝；②有蛀干害虫的株数在2%以下（包括2%，以下同）；③介壳虫最严重处主枝主干100平方厘米2只活虫以下，较细枝条每尺长一段上在 10 只活虫以下，株数都在 4% 以下；④树冠基本完整：主侧枝分布均匀，树冠通风透光。

4）措施：按二级技术措施要求认真进行养护。

5）行道树缺株在 1% 以下。

6）草坪覆盖率达 95% 以上；草坪内杂草控制在 20% 以内；生长和颜色正常，不枯黄；每年修剪暖地型二次以上，冷地型 10 次以上；基本无病虫害。

（3）行道树和绿地内无死树，树木修剪基本合理，树形美观，能较好地解决树木与电线、建筑物、交通等之间的矛盾。

（4）绿化生产垃圾要做到日产日清，绿地内无明显的废弃物，能坚持在重大节日前进行突击清理。

（5）栏杆、园路、桌椅、井盖和牌饰等园林设施基本完整，基本做到及时维护和油饰。

（6）无较重的人为损坏。对轻微或偶尔发生难以控制的人为损坏，能及时发现和处理，绿地、草坪内无堆物堆料、搭棚或侵占等；行道树树干无明显地钉栓刻画现象，树下距树 2m 半径范围以内无影响树木养护管理的堆物堆料、搭棚、圈栏等。

3. 三级养护质量标准

（1）绿化基本充分，植物配置一般，裸露土地不明显。

（2）园林植物达到如下几点

1）生长势：基本正常。

2）叶子基本正常：①叶色基本正常；②严重黄叶、焦叶、卷叶、带虫尿虫网灰尘的株数在 10% 以下；③被啃咬的叶片最严重的每株在 20% 以下。

3）枝、干基本正常：①无明显枯枝、死杈；③有蛀干害虫的株数在 10% 以下；③介壳虫最严重处主枝主干上 100 平方厘米 3 只活虫以下，较细的枝条每尺长一段上在 15 只活虫以下，株数都在 6% 以下；④90% 以上的树冠基本完整，有绿化效果。

4）措施：按三级技术措施要求认真进行养护。

5）行道树缺株在 3% 以下。

6）草坪覆盖率达 90% 以上；草坪内杂草控制在 30% 以内；生长和颜色正常；每年修剪暖地型草 1 次以上，冷地型草 6 次以上。

（3）行道树和绿地内无明显死树，树木修剪基本合理，能较好地解决树木与电线、建筑物、交通等之间的矛盾。

（4）绿化生产垃圾主要地区和路段做到日产日清，其他地区能坚持在重大节日前突击清理绿地内的废弃物。

（5）栏杆、园路和井盖等园林设施比较完整，能进行维护和油饰。

（6）对人为破坏能及时进行处理。绿地内无堆物堆料、搭棚侵占等，行道树树干上钉栓刻画现象较少，树下无堆放石灰等对树木有烧伤、毒害的物质，无搭棚设摊、围墙圈占树等。

附：绿化管理标准和检查方法

绿化管理标准和检查方法

分类	序号	项目	标准	检查方法
中耕除草	1	除杂草	无明显杂草，草坪、地被纯度在90%以上	目视。草地50m² 3处，平均值
	2	松土	树木底下土壤疏松，透气良好，土壤呈松弛团粒结构，深达5cm左右。不伤及树皮、根系	目视，取样检查
	3	清理枯枝落叶	无明显枯枝落叶，环境整洁	目视检查
	4	清理绿地石块	无明显砖石瓦砾，绿地整洁	目视
防旱与灌溉	5	树木、草地浇水	冬季中午（10：00~16：00）浇水，夏季早晚浇水。浇水不遗漏，每次浇透浇足，见干见湿。新栽大树及时喷雾。浇水深度，树木3cm，草坪2cm	目视、手测，浇水时间抽查
	6	盆栽浇水	按见干见湿原则浇水，盆栽无干枯、遗漏现象	目视检查
	7	叶面清洁度	浇水配合冲洗叶面，保证植株光亮、清洁，无大面积尘埃泥土污染现象	目视检查
修剪	8	乔木整枝	及时修去枯死枝、病虫枝、徒长枝、并生枝和损伤枝。使得树枝分布均匀，树形优美，无多余枝条。剪口平滑，树皮无撕裂现象	目视检查，抽检10棵
	9	灌木整枝	根据花灌木的开花习性做适当修剪，使花木茂盛，花期延长，整形灌木造型明显，线条整齐，长枝不超过30cm	目视，抽查3处
	10	绿篱修剪	绿篱成型，线条整齐，树种之间有界限。造型美观，长势良好，长枝不超过30cm	目视，抽查5处
施肥	11	乔木灌木	采取沟施或穴施。施肥、浇水及时，覆土平整，肥料不露出土面，不玷污树木叶面。花灌木做到花前、花后、果前、果后分施追肥	目视
	12	草地、地被施肥	播施或喷施。结合天气在雨天前进行。浓度合适，一般每平方30克。草地色彩碧绿，生长茂盛	目视检查

分类	序号	项目	标准	检查方法
防台防风	13	防寒工作	培土、铺草、卷干等工作在11月中旬开始12月上旬完成	目视检查
	14	防风防台工作	在台风来之前做好立支柱，删去密枝等工作，风雨过后12小时内，能及时清除断枝落叶，扶正倒斜树木	目视检查
补栽补种	15	补栽补种	无明显黄土裸露，如发现有植株死亡和缺少，在发现后一周内，更换相同种类和高度的植物，及时浇水，保证成活	目测
防病治虫	16	防病治虫	无明显枯枝枯叶。树叶上无灰尘，不霉，树干不枯死和腐烂。预防在前，除治在后，施药在晚上6点以后，且出示警示牌	目视抽查
草坪养护	17	草坪修剪	高度在 4~8cm，夏季可稍长。修剪平整、边缘整齐	目视抽查6处
	18	草坪补缺填平	无明显黄土裸露，能及时补缺，最大裸露块不超过 $0.3m^2$，低洼处要以土填平重栽	目视尺量

实训 3　绿化管理养护技术及标准认知实训

一、实训目的

通过实训，学生能够熟悉旅游景区绿化养护管理技术措施和养护质量等级标准。具有督查景区绿化养护的初步技能。

二、实训要求

1. 熟悉绿化养护管理技术措施和绿化养护质量等级标准。

2. 尝试根据景区绿化养护质量等级标准实施绿化养护督查。

三、实训时间

本实训环节共6学时270分钟，景区绿化检查评分表制作90分钟，景区绿化养护督查4学时。

四、实训方式

1. 全班分为5个小组。

2. 老师布置任务，学生认真阅读绿化管理养护技术措施和质量等级标准，参考附表"景区绿化养护管理标准及检查方法"制订景区绿化检查评分表。

3. 选定一处当地景区，根据当地景区绿化养护等级要求，分组分区进行绿化养护督查评分。

4. 针对景区绿化养护情况写出督查汇总报告。

五、实训评分

1. 实训指导教师根据学生景区评分表、督查活动及督查报告进行评分。

2. 按百分制记分，评分表制作30分，督查活动40分，督查汇总报告30分。

六、评分表

绿化管理养护技术及标准认知实训测评表

组别：_____　姓名：_____　时间：_____

项目		标准分	教师评分
绿化养护技术及质量等级标准	制订评分表	30	
	景区督查实践	40	
	督查报告	30	
合计得分			

考核时间：　　年　月　日　　考评教师（签名）：_____

第 四 章

野生动植物的保护与管理

【学习目标】

● 知识目标

1. 了解旅游景区野生动植物的特点、旅游活动对野生动植物的影响、旅游景区野生动植物保护管理的措施。

2. 了解自然保护区在野生动植物保护中的意义及保护方式。

3. 理解生态旅游倡导的生物中心论理念，熟悉生态旅游中游客行为管理。

4. 熟悉野生动植物保护的相关法律法规常识。

● 能力目标

1. 学生初步具备策划景区野生动植物保护的宣传教育活动能力。

2. 学生能够根据野生动植物保护相关法律法规进行游客行为管理。

第一节　旅游景区野生动植物保护概述

一、景区野生动植物特点

1. 原生性与和谐性

野生动植物是生态旅游资源的重要组成部分，原生性是指生态旅游资源作为一个生态系统是原本自然生成的，如我们通常所说的"原始森林"等。原生自然生态系统既包括山清水秀的山地森林生态系统，也应该包括一望无际荒无人烟的荒漠。原生自然生态旅游资源是大自然经过几十亿年的演化，生命与当地环境磨合而成的，除了其感观上的赏心悦目，更以它丰富的美学、科学及文化内涵吸引游客。和谐性是指人遵循生态学规

律，与自然共同创造的、与自然和谐文化生态系统。这些生态系统的形成有的是因生产力限制顺应自然而建，如农耕文明的田园风光；有的则是在"天人合一"的思想指导下所建，如中国名山、中国园林；有的则严格遵循自然生态学规律所建，如野生动植物园等。这些文化生态系统都有一个共同的特征，即人与自然和谐，或者说具有和谐之美。

野生动植物还是社会发展的重要文化源泉。在人类发展早期，野生动植物就深刻影响了人类的文学、美学、娱乐的启蒙和发展，逐步形成了许多与野生动植物密切相关的文化传统，如竹文化、松文化、花文化等，而"莺歌燕舞""鸟语花香"等词语，更是人类向往与自然和谐相处的具体表现。许多著名的文学家、艺术家也正是从千姿百态的野生动植物及其组成的自然美景中获得创作灵感，创造出了许多灿烂的文化杰作，现在方兴未艾的生态旅游文化、公园文化，均是以野生动植物为基本载体的。在追求人与自然和谐的进程中，人类文化还将从野生动植物中得到更多的启迪，创造出更丰富的文化内涵。

2. 脆弱性与保护性

脆弱性是指生态旅游资源系统对作为外界干扰的旅游开发和旅游活动的承受能力是有限的，超出这一限度就会影响和破坏这一系统的稳定性。从旅游开发方面看，不了解生态旅游资源的这一特征会造成对生态旅游资源的破坏，从旅游管理方面看，只顾眼前旅游经济效益，不顾生态旅游资源的承载力的超载经营必将对生态旅游资源造成破坏。鉴于生态旅游资源的脆弱性，为了生态旅游资源的可持续利用，保护成为必然。欲在旅游开发和管理中，有效地保护生态旅游资源，就必须遵循生态学规律，在开发上应坚持保护性开发原则，在管理上应杜绝旅游超载现象。

3. 广泛性与地域性

广泛性是指生态旅游资源作为客观存在，分布极为广泛。从天文空间规模来看，不仅地球上存在旅游生态旅游资源，在宇宙空间也存在吸引人们前去探索的奥秘，当然后者在目前的经济发展水平下只能作为"潜在"的生态旅游资源；从地文空间规模来看，整个地球，从赤道到两极、从海洋到内陆、从平原到高山都存在生态旅游资源。随着科技和经济的发展，过去无人问津的南极、北极也逐渐由科考转为生态旅游之地；从区域空间规模来看，不仅人烟稀少的山区，在城市附近甚至城市内也都存在生态旅游资源。

地域性是指任何生态旅游资源都是在当地特有的自然及文化生态环境下形成的具有与其他地方不同的地方性特征，即大自然中，无法找到完全一致的两个地方。如海洋和陆地不同，森林和草地不同，即使是森林，北方的与南方的森林也有不同，正是这种不同，这种差异的区域性构成了吸引游客真正的动力。

4. 不可移植性与可更新性

野生动植物旅游资源的地域性，决定了它的不可移植性，尽管有些旅游景区将不同地区的旅游资源移植浓缩于一园，目前尚有一定的市场，但随着游客的成熟，那些移植建园的"代造景"，将会由于无"神性"而失去吸引力。

野生动植物承担着物质循环、能量流动和平衡生态的重任，是维持陆地生态系统整体稳定的基本因素。自然界的每一种野生动植物都以其特有的物种表现形式，维持着生态系统的平衡、互动和演替。保护得当，就能促进其充分发挥生态效益，为人类营造良好的生态环境；保护不当，就可能导致某些物种的丧失，从而破坏生态系统结构，影响生态系统功能，危及生态平衡，特别是其中的一些关键物种，一旦消亡，将可能激发连锁效应，直至打破自然生态系统的稳定导致生态灾难。

二、旅游活动对野生生物的影响

在我国，由于人口众多，旅游业发展迅速，而又缺乏规划和管理，加之国民环境保护意识还比较薄弱，生态道德尚未成为普遍的社会风尚，旅游活动对旅游景区野生生物的负面影响非常巨大。

1. 景区内旅游开发和经营活动对野生生物的影响

首先，旅游开发不当，破坏了旅游景区的野生生物的生存环境。旅游业经营部门在景区内进行大规模的旅游开发，建设大量的旅游设施，对森林乱砍滥伐，侵占了森林、绿地和水面，使得植被覆盖率减少，野生生物失去栖息环境，野生动植物物种减少，导致生态平衡遭到破坏。

其次，在旅游景区内，饭店、餐馆等未加工处理便随意排放烟尘、生活污水和垃圾粪便等废弃物的问题，以及噪声等问题都十分严重，使得野生生物生存环境遭到破坏。有的旅游景区由于经济利益的驱使，不顾景区的环境容量的限制，超量接待游客，造成土壤板结，草坪被踩坏，古树濒临死亡。此外，为了迎合少数人的乐趣，在旅游景区内无限制地开展狩猎活动，造成野生动物物种和数量急剧下降，害虫害兽失去天敌，景区生态平衡遭到破坏。

一份调查显示，我国已有20%的自然保护区和森林公园由于开发旅游而造成保护对象的破坏，其中11%出现旅游退化。如我国的张家界国家森林公园，自从开展旅游活动以来，公园内野生动物在种类、数量和结构上都发生了很大的变化，许多动物已从公园中消失，不少动物亦濒临灭绝，在保存下来的动物中，也有一部分的生活习性发生了改变。

2. 旅游活动对野生生物的影响

（1）游客不文明行为。游客自身的不文明行为会破坏景区内野生生物的生活习性和环境质量，这些现象经常在自然保护区或森林公园里出现，有些游客在自然保护区或森林公园游览时，不顾禁止提示，给景区内野生动物投喂食物，使得动物的生活习性发生改变。如在张家界国家森林公园刚进行旅游开发时，公园内的野生猕猴不敢靠近人群，只隔得远远地争抢游客投喂的食物，但时间稍长，它们便变得胆大起来，不但靠近人群，还从游客手中取食、抢食。现在，这群猕猴已对游客投食产生了高度的依赖性，每天一大早就下到山脚来等食。有时由于猴群数量多，游客投食太少或太慢，群猴间为争食而互相打斗致伤的事件时有发生。与此同时，这群猕猴本身也变得懒散、笨拙和贪

娄，失去了完全野生状态下的矫健、灵活的特性，也影响了猕猴之间的和睦。

（2）游客在旅游景区内滥捕滥猎或食用、采集野生珍稀动植物。景区内人类的干扰构成对野生动植物的严重威胁。游客大量涌入景区，由于个别游客在旅游区滥捕滥猎以及食用珍稀动物等不文明行为，使益鸟、益兽减少，使动物的品种和数量急剧减少，濒于灭绝的边缘；植物病虫害增加，甚至造成大面积植被死亡。甚至有的游客在景区内乱采、乱挖珍稀花木，攀折树枝、叶，采挖苗木和真菌以及树根等，破坏了植物的生长，造成人为的植被减少甚至死亡，从而引起植物群落结构的变化，影响了旅游景区的生态环境和自然景观。如在长白山自然保护区内，由于游人过度采集，长白山上的国家二级保护植物草苁蓉、瓶尔小草、对开蕨等已处于濒临灭绝的境地。旅游者购买动植物纪念品和品尝野味的愿望，以及本地居民急于赚钱的欲望，导致大量野生动物被猎杀。中国野生动物保护协会在 2000 年年初的调查报告显示，我国 21 个大、中城市中，有近一半的餐厅在经营野生动物，46.2%的城市居民吃过野生动物，2.7%的人经常吃野生动物。近年来滥食野生动物在许多地方成为一种"时尚"，经营野生动物的场所和种类在增多，保护野生动物的形势非常严峻。这项在北京、上海、广州、南宁等 16 个大城市和三明、桂林等 5 个地区级城市展开的调查显示，非法经营野生动物及其产品的市场非常庞大。49.8%的餐厅、41.7%的集贸市场和 15.4%的副食商场在经营野生动物及其产品，其中64.8%的餐厅、71.4%的摊位和 93.2%的副食商场没有经营许可证，属于非法经营。本次调查共发现 53 种野生动物遭受杀戮，其中兽类有野猪、黄麂、狍子、华南虎等 16 种，鸟类有喜鹊、环颈雉、斑鸠、鹧鸪等 21 种，两栖、爬行类动物有蛇、虎纹蛙、印尼龟等 16 种。在上述野生动物中，属国家重点保护的有 14 种，占调查种类的 1/4。

（3）游客的践踏。在旅游景区内，由于超量游客的踩踏，使得抗干扰能力较弱的敏感物种数量减少乃至消失，逐渐被抗干扰能力强的物种取代，而且植物种类组成趋于简单化。这还意味着一些敏感的濒危植物由于丧失生存空间而面临灭绝。如长白山天池周围的高山苔原，对践踏敏感的植物正在消失，逐渐被抗践踏的物种所代替。

三、旅游景区内野生动植物保护与管理的措施

1. 正确处理好保护与开发的关系

野生动植物资源丰富的旅游景区（如自然保护区、森林公园、风景名胜区等）开发生态旅游是一项复杂的系统工程，也是一项严肃认真的工作，必须有积极、科学、慎重的态度。由于野生动植物的生存环境具有敏感性、抗逆性、脆弱性等特点，景区内旅游开发必须遵循生态安全的原则，服从"保护"这个宗旨。像自然保护区这类景区由于其核心区内野生动植物比较集中，需要严格保护，不宜进行旅游开发；缓冲区与过渡区可以从实际出发，决定其开发范围，并科学安排旅游活动范围、内容、方式、线路、景点等，严格控制游客容量，尽量将旅游开发对野生动植物的干扰降到最低。

2. 组建一支具高素质的保护管理队伍

建立和完善景区内野生动植物保护管理机构，组建具有较高素质的野生动植物保护

管理队伍，认真贯彻和执行国家野生动植物保护法律、法规和政策，落实景区野生动植物保护管理措施，做好野生动植物的分布种类、数量、生物学特征和生态环境方面的调查，并据此制定出保护规划及具体的管理办法，采取切实措施做好野生动植物的保护工作，实现景区旅游业的可持续发展。

3. 加强法制宣传与教育

在加强保护和管理工作的同时，必须采用灵活多样的宣传形式，向旅游者宣传我国有关野生动植物保护方面的法规，如我国已颁布的《野生动物保护法》《中华人民共和国野生植物保护条例》等，提高旅游者的保护意识和保护自觉性。景区可印发野生动植物保护相关的宣传小册子给游客，告诫游客在进行游览活动时，应当遵守景区有关野生动植物保护条例，对野生动物，不接近、不追逐、不投喂、不恐吓等；对野生植物，要自觉不踢踩、不采摘；对于被保护的生物及制品，不采集、不购买、不携带，同时引导游客积极参与到景区野生动植物保护的各种有益活动中去。

实训 1 野生动植物保护认知与实训

一、实训目的

通过实训，学生能够提高野生动植物保护意识和责任。

二、实训要求

1. 野生动植物保护相关资料检索收集能力。

2. 图文并茂的 PPT 制作能力。

三、实训时间

本实训环节共 3 学时 135 分钟，老师布置任务 10 分钟，分组讨论 30 分钟，PPT 制作 60 分钟。演讲 25 分钟，老师点评 10 分钟。

四、实训方式

1. 全班分为 5 个小组。

2. 教师指导学生课前收集野生动植物保护相关资料，结合个人旅游体验，分组讨论：

（1）列举旅游活动对野生动植物的影响的实例。

（2）作为旅游者，如何去践行野生动植物的保护？

（3）作为景区管理者，应该从哪些方面去实施野生动植物的保护？

3. 汇总讨论要点。

4. 从 2014 年起，3 月 3 日是由世界联合国大会根据《濒危野生动物植物国际贸易公约》确立的"世界野生动植物日"，分组为景区的"世界野生动植物日"宣传活动做一

份倡议"野生动植物保护"的 PPT。

5. 每组派代表演示。

6. 老师点评。

五、实训评分

1. 实训指导教师根据学生展示 PPT 及参与讨论情况进行评分。

2. 按百分制记分，讨论 60 分，PPT 制作 30 分，演示 10 分。

六、评分表

野生动植物保护认知与实训测评表

组别：_____ 姓名：_____ 时间：_____

项目		标准分	教师评分
野生动植物保护知识	素材的收集	20	
	话题讨论	40	
	PPT 制作	30	
	演示	10	
	合计得分		

考核时间： 年 月 日 考评教师（签名）：

第二节 野生动植物保护地——自然保护区

一、自然保护区概念及其意义

自然保护区又称"自然禁伐禁猎区"（sanctuary）、"自然保护地"（nature protected area）等。自然保护区往往是一些珍贵、稀有的动植物种的集中分布区，候鸟繁殖、越冬或迁徙的停歇地，以及某些饲养动物和栽培植物野生近缘种的集中产地，具有典型性或特殊性的生态系统；也常是风光绮丽的天然风景区，是具有特殊保护价值的地质剖面、化石或冰川遗迹、岩溶、瀑布、温泉、火山口以及陨石的所在地。

中国建立自然保护区的目的是保护珍贵、稀有的动物资源，保护代表不同自然地带的自然环境的生态系统，以及有特殊意义的文化遗迹等。其意义在于：保留自然本底，它是今后在利用、改造自然中应循的途径，为人们提供评价标准以及预计人类活动将会引起的后果；储备物种，它是拯救濒危生物物种的庇护所；科研、教育基地，它是研究各类生态系统的自然过程、各种生物的生态和生物学特性的重要基地，也是教育实验的场所；保留自然界的美学价值，它是人类健康、灵感和创作的源泉。自然保护区对促进国家的国民经济持续发展和科技文化事业发展具有十分重大的意义。

自然保护区是人类文明的一个里程碑，其发展经历了曲折的历程，大致为堡垒式管理—生物圈保护—生物区域规划管理三个阶段。自 1872 年美国建立了黄石公园，到 20 世纪 70 年代，保护区大多处于一种孤岛状态，堡垒式的管理方式，使得保护和发展之间的矛盾难以解决；20 世纪 70 年代后强调保护区把保护与发展密切结合起来，提出了人与生物圈保护区模式，使保护区的工作和当地的经济繁荣及人民生活的提高联系在一起；90 年代开始，又提出了保护区生物区域规划管理的新方向，保护区和周边地区有关部门及社区，参与共同管理，实现利益公平分享，实施可持续发展战略。

1956 年，中国建立了第一个具有现代意义的自然保护区——鼎湖山自然保护区。截至 2005 年年底，中国自然保护区数量已达到 2349 个（不含港澳台地区），总面积14994.90 万公顷，约占中国陆地领土面积的 14.99%。在现有的自然保护区中，国家级自然保护区 243 个，占保护区总数的 10.34%，地方级保护区中省级自然保护区 773 个，地市级保护区 421 个，县级自然保护区 912 个，初步形成类型比较齐全、布局比较合理、功能比较健全的全国自然保护区网络。

中国自然保护区体系的特点是面积小的保护区多，超过 10 万公顷的保护区不到 50个；保护区管理多元化；多数保护区管理级别低，县市级保护区数量占 46%，面积占 50.3%。

到 2005 年 3 月，加入联合国"人与生物圈保护区网"的自然保护区有：武夷山、鼎湖山、梵净山、卧龙、长白山、锡林郭勒、博格达峰、神农架、茂兰、盐城、丰林、天目山、九寨沟、西双版纳等 26 处。截至 2014 年年底，国务院批准新建国家级自然保护区 21 处。至此，我国的国家级自然保护区数量达到 428 处，总面积 93 万平方公里，占陆域国土面积的 9.72%。

中国最原始的森林、草地、湿地大多数分布在国家级自然保护区内。全国 85% 的陆地自然生态系统类型、绝大多数自然遗迹、65% 的高等植物群落类型，特别是 85% 以上的国家重点保护野生动植物均在自然保护区内。

二、中国的自然保护区分类

中国自然保护区分国家级自然保护区和地方级自然保护区，地方级又包括省、市、县三级自然保护区。此外，由于建立的目的、要求和本身所具备的条件不同，而有多种类型。按照保护的主要对象来划分，自然保护区可以分为生态系统类型保护区、野生生物种保护区和自然遗迹保护区 3 类。

1. 生态系统类

保护的是典型地带的生态系统。例如，广东鼎湖山自然保护区，保护对象为亚热带常绿阔叶林；甘肃连古城自然保护区，保护对象为沙生植物群落；吉林查干湖自然保护区，保护对象为湖泊生态系统。

2. 野生生物类

保护的是珍稀的野生动植物。例如，黑龙江扎龙自然保护区，保护以丹顶鹤为主的珍贵水禽；福建文昌鱼自然保护区，保护对象是文昌鱼；广西上岳自然保护区，保护对象是金花茶。

3. 自然遗迹类

主要保护的是有科研、教育旅游价值的化石和孢粉产地、火山口、岩溶地貌、地质剖面等。例如，山东的山旺自然保护区，保护对象是生物化石产地；湖南张家界森林公园，保护对象是砂岩峰林风景区；黑龙江五大连池自然保护区，保护对象是火山地质地貌。

三、中国自然保护区的保护方式

中国人口众多，自然植被少。保护区不能像有些国家采用原封不动、任其自然发展的纯保护方式，而是采取保护、科研教育、生产相结合的方式，而且在不影响保护区的自然环境和保护对象的前提下，还可以和旅游业相结合。因此，中国的自然保护区内部大多划分成核心区、缓冲区和外围区3个部分。

核心区是保护区内未经或很少经人为干扰过的自然生态系统的所在，或者是虽然遭受过破坏，但有希望逐步恢复成自然生态系统的地区。该区以保护种源为主，又是取得自然本底信息的所在地，而且还是为保护和监测环境提供评价的来源地。核心区内严禁一切干扰。

缓冲区是指环绕核心区的周围地区。只准进入从事科学研究观测活动。

外围区，即实验区，位于缓冲区周围，是一个多用途的地区。可以进入从事科学试验、教学实习、参观考察、旅游以及驯化、繁殖珍稀、濒危野生动植物等活动，包括有一定范围的生产活动，还可有少量居民点和旅游设施。

上述保护区内分区的做法，有效地对区内的动植物进行合理区划和管护，在社区共管中，加大对野生动植物保护所涉及的法律法规的宣传，使当地的群众从昔日的狩猎者变为今日的野生动物的保护者。不仅保护了生物资源，而且又成为教育、科研、生产、旅游等多种目的相结合的为社会创造财富的场所。

四、湿地公园

湿地是地球上具有多种功能的生态系统，与森林、海洋并称三大生态系统，被誉为"地球之肾"，在吸收二氧化碳、制造氧气、涵养水源、净化水质、调节气候、维护生物多样性等方面发挥着不可替代的作用。湿地是陆生和水生生态系统之间的过渡性地带，是生物多样性的摇篮。它拥有强大的生态净化作用，是地球上一种独特的、多功能的生态系统，在生态平衡中扮演着极其重要的角色。

我国的湿地公园是依据《国务院办公厅关于加强湿地保护管理的通知》中"采取多

种形式，加快推进自然湿地的抢救性保护……对不具备条件划建自然保护区的，也要因地制宜，采取建立湿地保护小区、各种类型湿地公园、湿地多用途管理区或划定野生动植物栖息地等多种形式加强保护管理"的规定，及其他湿地保护管理文件的精神指引下划建的公园类型，是国家湿地保护体系的重要组成部分。湿地公园拥有一定规模和范围，以湿地景观为主体，以湿地生态系统保护为核心，兼顾湿地生态系统服务功能展示、科普宣教和湿地合理利用示范，蕴含一定文化或美学价值，可供人们进行科学研究和生态旅游，予以特殊保护和管理的湿地区域。

国家湿地公园一般包括湿地保育区、湿地生态功能展示区、湿地体验区、服务管理区等区域。

1. 湿地保育区

具有特殊保护价值，需要保护或恢复的湿地区域。需要保护的湿地区域一般具有相对明显的湿地生态特征和完整的湿地生态过程，或丰富的生物多样性，或是湿地生物的栖息场所或迁徙通道。对有潜在生态价值的受损湿地，进行湿地恢复。

在湿地保育区内，可以针对特别需要保护或恢复的湿地生态系统、珍稀物种的繁殖地或原产地设置禁区或临时禁入区。

2. 湿地生态功能展示区

展示湿地生态特征、生物多样性、水质净化等生态功能的区域。

3. 湿地体验区

国家湿地公园内的湿地自然景观或人文景观分布的湿地区域。可以体验湿地农耕文化、渔事等生产活动，示范湿地的合理利用，本区域允许游客进行限制性的生态旅游、科学观察与探索，或者参与农业、渔业等生产过程。

4. 服务管理区

服务管理区是指在湿地生态特征不明显或非湿地区域建设的可供游客进行休憩、餐饮、购物、娱乐、医疗、停车等活动，以及管理机构开展科普教育和行政管理工作的场所。

实训 2 自然保护区认知及实训

一、实训目的
通过实训，了解自然保护区的意义、分类和保护方式。

二、实训要求
1. 认真调查自然保护区的保护方式。
2. 尝试分析当地湿地公园在野生动植物保护工作方面的不足。

三、实训时间

本实训环节共 4 学时 180 分钟，湿地公园调查 4 学时。

四、实训方式

1. 全班分为 5 个小组。

2. 课前进入国家级自然保护区、国家湿地公园相关网站，了解自然保护区、湿地公园基本情况，了解保护区重点保护的野生动植物情况。

3. 分组汇集从访问网站所了解到的保护区、湿地公园情况简介。

4. 选定当地一湿地公园，了解湿地公园功能区域的划分、湿地生态功能展示、体验、野生动植物保护措施及宣传教育方式。

5. 分组写出调查小报告，尝试分析当地湿地公园在野生动植物保护工作方面的不足。

五、实训评分

1. 实训指导教师根据学生景区调查认真态度及调查报告评分。

2. 按百分制记分，资料汇集 20 分，调查 60 分，报告 20 分。

六、评分表

自然保护区认知及实训测评表

组别：＿＿＿＿＿＿　　姓名：＿＿＿＿＿＿＿　　时间：＿＿＿＿＿＿＿

项目		标准分	教师评分
自然保护区认知	资料汇集	20	
	湿地调查	60	
	调查小报告	20	
合计得分			

考核时间：　　年　　月　　日　　考评教师（签名）：

第三节　生态旅游发展和野生动植物保护

一、生态旅游的概念

国际旅游界普遍认为生态旅游的思想起源于 20 世纪 60 年代，其雏形是生态性旅游，是 1965 年赫特泽在反思当时文化、教育和旅游的基础上提出的旅游发展思路。20 世纪 60 年代以来，西方学者在充分肯定旅游发展对地方经济发展做出巨大贡献的同时，也发现旅游发展给环境带来很多的负面影响，游客的旅游活动对景区及其周边的河流、大气造成了污染，破坏了自然景观，给动植物赖以生存的自然环境带来了巨大的威胁。随着大众旅游带来的负面影响的日益加深和人们保护环境意识的逐渐增强，生态旅游被视为解决大众旅游所带来的一系列负面影响的良方，受到学者们的广泛关注与提倡。

生态旅游作为一个独立的术语是由世界自然保护同盟（International Union for Conservation of Nature，IUCN）生态旅游特别顾问谢贝洛斯·拉斯喀瑞于1983年提出的。他认为生态旅游就是前往相对没有被干扰或污染的自然区域，专门为了学习、赞美、欣赏这些地方的景色和野生动植物与存在的文化表现（现在和过去）的旅游。他强调生态旅游区域是自然区域，游客游览、参观、体验的对象是自然景色、文化及野生动植物。可见，自生态旅游概念伊始，野生动植物便被作为生态旅游资源的重要组成部分，它是生态旅游健康、可持续发展的重要构成因素。

二、我国生态旅游存在的问题

我国自20世纪80年代中期以来，旅游业发展对环境所产生的负面影响逐渐显现出来，人类越来越关注自己所生存的环境，可持续发展原则也被广泛接受，生态旅游作为一种满足需求、保护环境二者兼得的旅游形式，已引起广泛的重视。然而，我国生态旅游目前却存在着严重的"泛化"问题，几乎任何一种与自然资源有关的旅游活动都被贴上了生态旅游的标签。但是其规划、开发、经营和管理，大多仍沿用大众旅游的模式，致使出现了生态旅游反而破坏生态环境，影响旅游健康发展的现象。

生态旅游问题的产生，从表面上看是由于技术、经济、管理等方面的原因所致，但从本质上讲，却和生态旅游各参与方缺乏必要的环境伦理意识密切相关。生态旅游要走可持续发展道路，其根本在于人类世界观和价值观的变革，应当把伦理学的视野从人扩大到一切生命体和自然界，避免以"人"为中心的自我中心论，承认自然界各种生物的价值和权利。人类要在维护生态平衡的基础上合理地开发自然资源，把人类的生产方式和生活方式规范在生态系统所能承受的范围内，倡导在热爱自然、尊重自然、保护自然和维护生态平衡的基础上，积极能动地改造和利用自然。从目前的研究成果来看，生态环境在生态旅游过程中遭受破坏与野生动植物在生态旅游发展中的重要地位被忽视存在着必然的联系，究其原因，是人们未将伦理学的理论视野扩大到更多的生命体，对人之外的生命缺乏必要的道德关怀，生物平等主义观念未深入人心。因此，寻求保护野生动植物的理论依据，注重生态旅游发展中对于野生动植物的保护研究，对于我国生态旅游的可持续发展有着重要的理论与现实意义。

三、生态旅游中野生动植物保护的理论依据——生物中心论

现代意义上的生物中心论是由20世纪人道主义者史怀泽于1923年在其代表作《文明与伦理》一书中首先提出来的。保尔·泰勒为人们接受这一伦理思想提供了充分的理论证明。泰勒的《尊重大自然》一书在借鉴人际伦理学的理论成果和吸收当代生物生态

学的理论智慧的基础上，建构了一套完整的由尊重大自然的态度、生物中心论世界观和环境伦理规范 3 部分组成的生物中心论伦理学体系。

生物中心论世界观尊重生物的态度取决于人们如何理解和看待生物，以及如何看待人与它们的关系。关于自然的生物中心论的世界观是对尊重生物的态度提供支持和证明，并使这种态度变为可理解、可接受的信念体系。这套世界观由以下 3 个信念组成。

1. 人是地球生物共同体的成员

泰勒认为，人的生命只是地球生物圈自然秩序的一个有机部分。人的一个最基本的特征即人是一个生物物种的成员。人与其他生物成员在地球生命共同体具有相同的、平等的资格，共同享有大自然的恩赐。人不具有超越地球生命共同体中其他生物的特殊资格。人的产生是进化史上一个较晚的事件，在人类出现之前，地球上的各个物种之间就已经建立了一种相互适应、相互依赖的关系，人这个迟到的物种只不过是这个既定关系网上的一个网结。

2. 自然界是一个相互依赖的系统

人类和其他物种一样，都是一个相互依赖的系统的有机构成要素，在这个系统中，每一个生命的生存及其生存的质量，不仅依赖于它所生存的环境的物理条件，还依赖于它与其他生命之间的关系。

3. 人并非天生就比其他生物优越

大多数生活在现代民主制度下的人认为，人这个物种比其他所有物种都优越，事实上，这是没有任何根据的。人的优越性的断言所表达的不过是一种偏爱、一个特定物种，歧视其他几十亿物种的不合理的自私的偏见而已。

生物中心论是推动生态旅游发展的强大思想保障，在生态旅游中导入生物中心论，不仅可以使生态旅游获得生物中心理论的支持，而且可以推动生态旅游广泛而深入持久地发展。

生物中心论所强调的人是地球生命共同体的平等成员，人并非天生就比其他物种优越，即使没有人类，生物也可以正常生存，"其他生物是自然界的一部分"和"自然界各部分之间整体联系"的自然观，维护生物多样性和生态环境多样性等，都是开展生态旅游活动必须遵循的基本原则。作为一个生态旅游参与者，若不懂得人类居住的家园是一个统一的、完整的有机体，不懂得每个系统的组成要素之间相互联系、相互依存、相互制约的关系，就会在自然或生态旅游中对自然产生不负责任的征服欲和权力欲，由此而产生的对生态环境的破坏后果将不堪设想。

生物中心论所强调的生物权利和生物价值的观点，在实践上给生态旅游参与者指明了一种可操作的方法。尊重生物权利和生物价值的基本方法是不滥捕、滥杀动物，不破坏、采摘、采伐植物，不残留垃圾、乱抛废弃物等。国内生态旅游发展应该对旅游区的地质资源、生物资源以及涉及环境质量的各类资源进行认真调查，以便针对开展旅游活动所带来的环境损害进行足够的准备，并做出积极的预防和补救措施，消除或减少污染源。

生物中心论所强调的"尊重大自然"是指导生态旅游活动，贯彻可持续发展方针，为子孙后代留下旅游产业并满足其享用自然资源权利的重要思想武器。在生态旅游发展过程中，要在充分认识到人的"主观的好"的同时，也认识到其他生物非主观的"客观的好"。每种生物都是大自然的天然赋予，其天赋对于人或者其他生物都有着重要的作用和价值，都是地球自然共同体中的重要组成部分。

四、生态旅游发展中野生动植物保护机制分析

生物资源与人都是地球自然共同体的重要组成部分，是生态系统不可或缺的重要因素。人与其他生物并不存在孰优孰劣，只是人的"好"被人们主观地认识到了，而其他生物的"好"由于自身不能主观地认识被人们主观地忽略。所以，正视其他生物在自然界的重要地位，准确评价其他生物的真实有用性是生态旅游健康、可持续发展的必然要求。结合生态旅游发展的初衷及生物中心论的理论要点，可以从以下几方面来加强生态旅游发展中的生物保护。

1. 将生物中心论理论纳入生态旅游发展规划

生态旅游景区应在编制旅游发展规划的过程中，将环境保护专家纳入旅游规划专家团队，征询环境保护专家的意见，将社会的环境伦理，特别是生物中心论对生物保护的理念作为规划的整体目标，确保规划的前瞻性、科学性和持续性。开发旅游资源时，应强调从保护当地资源出发，考虑环境的综合承载力，控制环境容量，将旅游活动对环境的冲击降到最低限度。慎重对待生态环境脆弱地区的旅游开发，以人类、生物和环境的协同发展为原则，以自然资源的持续利用和生态环境的改善为宗旨，开发那些不影响或较少影响生态环境的旅游项目，以维护生态系统的平衡。

2. 强化生态旅游参与者的环境伦理意识

增强政府行政管理部门的环境伦理意识，从道德的角度规范决策行为，在决策过程中体现环境伦理思想，自觉地把这种伦理意识融入旅游开发的相关政策、法规之中，并严格执行。通过政府的引导、示范作用，鼓励和推动企业、公民、非政府组织以及一切社会力量为环境保护和生态旅游的可持续发展做出应有的贡献，并按照生态规律和环境伦理规范开展生态旅游活动，坚持在生态旅游活动中的不作恶、不干涉、忠诚原则，强化生态旅游参与者的环境伦理意识。把环境伦理教育和生态道德教育纳入国家教育体系，培育新的环境伦理观念，树立新的行为规范。同时，将环境伦理教育视为生态旅游区的长期发展战略，开展丰富多彩的环境伦理教育活动，使环境伦理教育贯穿生态旅游活动的体验、游览的全过程。对生态旅游景区的经营者和管理者来说，应注重培养他们"有所不取"的意识，以环境的改善、生态旅游持续发展目标的实现来保障持续的经济效益。

3. 涉及"非基本利益"时的最小错误原则

由于旅游活动是一种非必要的生活消费品，属于"非基本利益"，其活动内容与

尊重大自然并不存在必然的冲突，相反，人们的旅游活动是为了更好地亲近大自然、体验大自然、热爱大自然。所以，当旅游活动与其他生命的基本利益发生冲突时，对称原则要求人们把保护自然放在第一位。即使当旅游活动与其他生命的基本利益发生冲突，且人们又不愿放弃对这类非基本利益的追求时，最小错误原则也要求人们把对其他生命的伤害降至最低限度。基于对称原则与最小错误原则的要求，生态旅游发展过程中，生物保护与减少对其他生物生命的伤害程度是生态旅游健康发展的重要保障。

4. 坚持生态旅游发展中的分配主义及补偿主义原则

在生态旅游发展过程中，动植物作为旅游发展的核心吸引物，是生态旅游发展的基础。所以，动植物应该与人公平享受生态旅游所带来的益处，如利用发展生态旅游所获得的收入改善其生存状况，为动植物创造良好的生存环境，提供更为全面的管护。当人在生态旅游活动中不得已或非故意破坏动植物资源时，也应该在事后对动植物或其他生命做出相应的补偿。生态旅游发展过程中应该恢复人与其他生命之间的正义的平衡，对其他生命做出大致与对它们的伤害相当的补偿，维护生态系统和生命共同体的健康和完整，保证生态旅游的可持续发展。

五、自然保护区生态旅游的游客行为管理

1. 保护区生态旅游的主要表现形式

自然保护区生态旅游活动项目主要有观鸟、野生动物旅游、自行车旅游、漂流旅游、沙漠探险、保护环境行动、自然生态考察、滑雪旅游、登山探险、探秘游等。旅游形式也呈现出诸如游览、观赏、科考、探险、狩猎、垂钓、田园采摘及其生态农业主体活动等多样化的格局。

2. 游客行为管理办法

游客行为会直接对自然保护区的环境及保护对象产生影响，对保护对象的正常发展产生干扰。这种破坏一旦造成，短时间内很难恢复。因此，在开展生态旅游时，游客行为的管理也是一个重要方面。常用的游客行为管理办法主要有以下几个方面。

（1）有效控制游客活动。游客个体在保护区内的行为和活动方式决定了其对生态与环境造成的干扰和破坏程度，生态旅游管理要规定游客的旅游线路、旅游时间、活动范围和活动方式，对游客的活动采取比其他旅游区更加严格和特殊的限制管理措施。

（2）加强对游客的宣传和教育。游客在自然保护区的旅游，既是一种放松身心的休息活动，又是一种认识自然、了解自然的旅游方式。因此，在生态旅游活动中，可以通过导游讲解、设置宣传栏、开设展览馆等形式，对游客进行全面的生物多样性保护宣传和自然生态科学普及教育。一方面，强化资源的管理；另一方面，也激发公众的自然保护意识。

（3）明确游客责任。通过倡议等宣传方式，使旅游者意识到在旅游的同时保护生态与环境、不干扰保护对象的正常生活，也是自己应承担的责任和应尽的义务，例如，美国旅行商协会（American Society of Travel Agents，ASTS）通过制定游客游览生态旅游地的 10 条戒律，来使游客明确自己的责任。①要尊重地球的脆弱性，要认识到，只有所有的人愿意帮助和保护地球，独特而美丽的风景方会被后代享有。②只留下脚印，只带走照片。不折树枝，不乱扔杂物。③充分了解你所参观的地方的地理、习俗、礼仪和文化。④尊重别人的隐私和自尊，拍照时要征得别人的同意。⑤不要购买用濒危动植物制成的产品。⑥沿着划定的路线走，不打扰动物，不侵犯其自然栖息地，不破坏植物。⑦了解并支持环境保护规划。⑧只要可能，就步行或使用对环境无害的交通工具。机动车在停车时尽量关闭发动机。⑨以实际行动支持景区内那些致力于节约能源和环境保护的企业。⑩熟读有关旅行指南。

实训 3　生态旅游中游客行为管理认知实训

一、实训目的

通过实训，学生能够了解生态旅游生物中心论的核心理念，熟悉生态旅游中游客行为管理的相关内容。

二、实训要求

1. 认真阅读理解生态旅游生物中心论的核心理念及生态旅游游客行为管理相关内容。

2. 熟悉宣传展板制作流程。

三、实训时间

本实训环节共 4 学时 180 分钟，分组制作生态旅游生物中心理念宣传及游客行为教育展板。

四、实训方式

1. 全班分为 5 个小组。

2. 教师指导学生课前收集生态旅游生物中心理念及生态旅游中游客行为教育的相关资料。

3. 分组策划制作生态旅游生物中心理念宣传及游客行为教育展板并在学校展出。

4. 学生互评，老师点评。

5. 按百分制记分，资料收集 30 分，内容筛选 30 分，排版 20 分、展板效果 20 分。

五、评分表

生态旅游中游客行为管理认知实训测评表

组别：＿＿＿＿＿＿＿　　姓名：＿＿＿＿＿＿＿　　时间：＿＿＿＿＿＿＿

项目		标准分	教师评分
生态旅游理念	素材的收集	30	
	展出内容	30	
展板设计	排版	20	
	效果	20	
合计得分			

考核时间：　　年　月　日　　　考评教师（签名）：

第四节　野生动植物保护相关的法规与政策

一、《中华人民共和国野生动物保护法》

1. 法规概述

1988 年 11 月，全国人民代表大会通过了《中华人民共和国野生动物保护法》，并于 1989 年 3 月 1 日实施。其后，又经过了两次修订。为了配合该法的实施，1989 年 1 月林业部和农业部发布了《国家重点保护野生动物名录》，规定了国家 I 级和 II 级重点保护野生动物；1992 年 3 月林业部发布了《中华人民共和国陆生野生动物保护实施条例》；1993 年 10 月，农业部发布了《中华人民共和国水生野生动物保护实施条例》；2000 年 5 月制定了《国家保护的有益的或者有重要经济、科学研究价值的陆生野生动物名录》（简称"三有名录"），于 2000 年 8 月 1 日实施。大部分省份也制定了相应的省级重点保护动物名录以及野生动物法实施条例。

2. 法规对保护区管理的作用

《中华人民共和国野生动物保护法》及其配套体系的建立，是我国野生动物保护工作的重大举措，一方面可以为保护区内野生动物的生存提供基本保障，另一方面也为野生动物资源的合理利用做出了规范，使其能够健康长久地发展。该法第一章总则中明确提出："该法是为保护、拯救珍贵、濒危野生动物，保护、发展和合理利用野生动物资源，维护生态平衡制定的。"还规定，"在中华人民共和国境内从事野生动物保护、驯养繁殖、开发利用活动，必须遵守本法"。此外，总则中还提出了"野生动物资源属于国家所有"、国家对野生动物实行加强资源保护、积极驯养繁殖、合理开发利用的方针，鼓励开展野生动物科学研究，中华人民共和国公民有保护野生动物资源的义务，对侵占或者破坏野生动物资源的行为有权检举和控告"等思想。

从第二章到第四章，法规分别就"野生动物保护""野生动物管理"和"法律责任"等方面做详细的规定。如第二章第八条规定"国家保护野生动物及其生存环境，禁止任何单位和个人非法猎捕或者破坏"；第三章第十六条规定"禁止猎捕、杀害国家重点保护野生动物。因科学研究驯养繁殖、展览或者其他特殊情况，需要捕捉、捕捞国家一级保护野生动物的，必须向国务院野生动物行政主管部门申请特许猎捕证；猎捕国家二级保护野生动物的，必须向省、自治区、直辖市政府野生动物行政主管部门申请特许猎捕证"；第十七章规定"国家鼓励驯养繁殖野生动物，驯养繁殖国家重点保护野生动物的，应当持有许可证，许可证的管理办法由国务院野生动物行政主管部门制定。驯养繁殖国家重点保护野生动物的单位和个人，可以凭驯养繁殖许可证向政府指定的收购单位，按照规定出售国家重点保护野生动物或者其产品"等。这些法律条文的出台，为我国自然保护区野生动物的保护，特别是非法狩猎活动的查处提供了法律依据和行动准则。

二、《中华人民共和国野生植物保护条例》

1. 法规概述

《中华人民共和国野生植物保护条例》（以下简称《条例》）于1996年9月30日由国务院发布，1997年1月1日起施行。《条例》所保护的野生植物是指原生地天然生长的珍贵植物和原生地天然生长并具有重要经济、科学研究、文化价值的濒危稀有植物。城市园林、自然保护区、风景名胜区的野生植物的保护同样适用于该条例。国家于1999年公布了国家重点保护野生植物名录，规定了国家Ⅰ级和Ⅱ级重点保护野生植物。根据该条例，农业部于2002年9月发布了《农业野生植物保护办法》。建议划定野生植物类型的自然保护区，并按照《自然保护区条例》进行管理。一些省份也制定了相应的省级重点保护植物名录。

2. 法规对保护区管理的作用

《条例》是为了保护、发展、合理利用野生植物资源，保护生物多样性，维护生态平衡而制定的。对于野生植物保护区以及其他类型保护区中的野生植物资源的保护工作起到了规范指导作用，《条例》第一章明确规定："在中华人民共和国境内从事野生植物的保护、发展和利用活动，必须遵守本条例。"总则还提出"国家对野生植物资源实行加强保护、积极发展、合理利用的方针"、国家鼓励和支持野生植物科学研究、野生植物的就地保护和迁地保护等思想，并对县以上各级人民政府在野生植物保护中的职责，单位和个人的权利、义务等做了明确要求。

从第二章到第四章，《条例》分别就"野生植物保护""野生植物管理"和"法律责任"等方面做出了详细规定。如第二章第九条规定"国家保护野生植物及生长环境，

禁止任何单位和个人非法采集野生植物或者破坏其生长环境"；第二章第十四条规定"野生植物行政主管部门和有关单位对生长受到威胁的国家重点保护野生植物和地方重点保护野生植物应当采取拯救措施，保护或者恢复其生长环境，必要时应当建立繁育基地、种子资源库或者采取迁地保护措施"；第二章第十六条规定"禁止采集国家一级保护野生植物，因科学研究、人工培育、文化交流等特殊需要，采集国家一级保护野生植物的，必须经采集地的省、自治区、直辖市人民政府野生植物行政管理部门签署意见后，向国务院野生植物行政主管部门或者其授权的机构申请采集证。采集国家二级保护野生植物的，必须经采集地的县级人民政府野生植物行政主管部门签署意见后，向省、自治区直辖市人民政府、县级人民政府野生植物行政主管部门签署意见后，向省、自治区、直辖市人民政府野生植物行政主管部门或其授权的机构申请采集证"；第三章第八条规定："禁止出售、收购国家一级保护野生植物，出售、收购国家二级保护野生植物的，必须经由省、自治区、直辖市人民政府野生植物行政主管部门或者其授权的机构批准"等。

《野生植物保护条例》及其配套体系的建立为我国自然保护区野生植物保护工作提供了明确指导，特别是为打击查处非法采集植物等活动提供了有力的法律依据和行动准则。

实训 4 野生动植物保护法律法规认知实训

一、实训目的

通过实训，学生能够熟悉野生动植物保护相关法律法规，提高野生动植物保护的法律意识，并具有策划组织法律知识竞赛活动的初步能力。

二、实训时间

本实训环节共 2 学时 90 分钟，学生课前分组设计试题，PPT 制作 45 分钟，竞赛抢答 35 分钟，指导教师点评 10 分钟。

三、实训方式

1. 全班分为 5 个小组。

2. 课前先收集资料，认真阅读了解野生动植物保护相关法律法规。

3. 设计知识竞赛抢答题，制成 PPT。

4. 分组法律法规知识学习讨论，熟记法律法规知识。

5. 班级知识抢答竞赛。

四、实训评分

1. 实训指导教师根据学生设计的野生动植物保护相关法律法规知识竞赛题 PPT 和

抢答正确率评分。

2. 按百分制记分，法律知识竞赛题设计 50 分，PPT 制作 30 分，抢答 20 分。

五、评分表

野生动植物保护法律法规认知实训评分表

组别：＿＿＿＿＿＿＿ 姓名：＿＿＿＿＿＿＿ 时间：＿＿＿＿＿＿＿

项目		标准分	教师评分
野生动植物法律法规知识	试题设计	50	
	PPT 制作	30	
	抢答	20	
合计得分			

考核时间： 年 月 日 考评教师（签名）：

第 五 章

景区旅游软环境管理

【学习目标】

• **知识目标**

1. 了解旅游软环境的概念、内涵和软环境建设的重要性。
2. 了解迪士尼在旅游服务管理建设上的核心理念。

• **能力目标**

1. 学生能够认识旅游软环境建设的重要性。
2. 学生能够理解旅游服务软环境建设在景区生存与发展中的重要作用。
3. 学生能够理解迪士尼永远不衰的服务管理理念。

第一节　旅游软环境认知及实训

随着旅游业的日益发展，人们逐渐意识到了旅游环境特别是旅游软环境对旅游业发展的重要性。软环境是相对硬环境而言的一个概念，它是指物质条件以外的诸如政策、文化、制度、法律、思想观念等外部因素和条件的总和。那么何谓旅游软环境？简言之，旅游资源中那些风景、遗址、设备等，无论是自然的还是人造的，只要是看得见、摸得着的，我们就将其归结为旅游硬环境；相对而言，涉及旅游氛围，涉及游客团体心理层面的环境，我们就将其归结为旅游软环境，主要包括行政管理环境、旅游市场环境、旅游服务环境、社会人文环境等。对旅游业来说，旅游软环境是旅游业发展的晴雨表，是衡量地区旅游业发展潜力的标尺。

一、旅游软环境的内涵

1. 行政管理环境

行政环境为旅游市场的软环境建设提供保障。行政环境主要包括旅游事业单位的体制、旅游地方性法规规章的制定情况、政府提供服务的水平、政府对旅游市场的监督力度、政府对旅游市场的管理力度以及政府对旅游市场的调控能力。从分析旅游市场软环境建设的角度来看，政府部门对旅游市场软环境的建设起主导作用，在构建旅游市场软环境前，需要首要考虑的是政府部门的行政环境，优化政府单位的结构，建立高效廉洁的服务型政府，提高政府管理监督旅游市场的力度，充分发挥政府的行政作用，才能从根本上有效改善旅游市场软环境的建设，并将相关的具体对策付诸实践。

2. 旅游市场环境

旅游市场环境的建设是旅游市场的软环境建设的基础，因此需要注重旅游市场环境各个方面的建设。旅游市场环境包括旅游产业的机构、旅游市场的秩序、旅游产品的创新、旅游市场的开发、旅游市场的营销以及旅游市场的品牌六项内容，在旅游软环境建设时，需要考虑旅游市场环境的整体情况，从这六项内容进行有效的建设和提升，才能保障旅游市场软环境建设的顺利实施。

3. 旅游服务环境

旅游服务环境的情况最能直观地反映旅游市场软环境的建设情况，良好的旅游服务环境有助于旅游地吸引投资，吸引游客，将更多的资金与财富带给当地的居民。旅游服务环境可以由旅游企业服务质量的监管、旅游经营者的形象、旅游服务的形象以及旅游服务的氛围四个方面的内容构成。良好的旅游服务环境是旅游市场的精神载体。旅游发展最根本的人力资源，即导游等旅游业从业人员，他们的服务带给游客最直观的心理反应，会对游客对旅游地产生深刻的影响，因此在旅游市场软环境建设中须注重对旅游服务环境的建设。

4. 社会人文环境

旅游市场的软环境建设里，所谓社会人文环境，其内容主要包括旅游地的旅游文化、历史文化、文明旅游、居民素质等方面。社会人文环境是人们日常生活中的外显的行为，包括两个方面：公民个体行为、地区及民族群体行为。人文环境对旅游的影响，体现在两个方面：第一，人文环境直接构成旅游产品，如人文物质环境中的人文景观环境、行为环境中的地区民族群体行为环境，对旅游产生直接的影响；第二，人文环境通过旅游者的旅程生活感受质量影响旅游，如人文物质环境中的生活环境、人文行为环境中的个体行为环境，以及人文精神环境中的素质环境等，直接会影响旅游者的旅程生活，使其产生愉悦、舒适或郁闷、难受的感受，从而影响本地旅游产业。因此，人文环境是区域旅游发展的重要影响因素，也是强化地方旅游特色的关键。

对旅游市场而言，大部分知名旅游地最令人流连忘返的并不是旅游设备设施的齐全

和完善，更多的是当地的人文环境和文化氛围、风俗文化，这是一种无形的精神文明，是先天难以效仿的，只能靠发掘自身沉淀已久的文化资源，进行合理的开发和保护，才能进行有效的利用，充分发挥风俗文化的感染力。

二、旅游软环境建设的重要性

1. 提升旅游目的地形象

我国旅游资源非常丰富，但是在国际、国内旅游市场中树立鲜明的旅游形象、打造知名度和美誉度、创造可观的经济效益并不能单纯地依靠旅游资源的多样性，旅游业的发展应该是旅游资源、设施等旅游硬环境因素和城市社会人文环境、政府管理、执行力、行业管理水平和创新力、行业服务水平和亲和力等软环境因素综合作用的结果。旅游目的地是旅游活动的承载空间，为旅游者提供了消费平台。旅游目的地的吸引力来自商业化的旅游服务、非商业化的原始景观和旅游目的地所拥有的独特氛围，其范畴远远超出了"整体旅游产品"的概念。然而，旅游目的地远离客源地，在旅游消费者看来是一个独立的区域，通常某一旅游目的地能否吸引消费者的注意，能否在众多备选目的地中脱颖而出，除了宣传营销的作用和旅游资源本身所具有的吸引力，更重要还是要取决于旅游目的地的旅游环境特别是软环境是否有吸引力。因此，发展旅游软环境能有效地促进旅游目的地形象的提升。

2. 使旅游得以持续发展

长期以来，人们总把旅游发展视为一种经济活动，偏重追求其经济效益，而相对忽略了普遍存在的旅游对环境的影响。旅游资源和旅游环境质量是旅游业赖以存在和发展的基础，旅游对环境尤其是自然环境造成的严重破坏不仅会阻碍旅游业本身的持续发展，而且也会带来相关的负效益。而有些地方尽管比较重视旅游硬环境的保护和开发，却忽视了对旅游软环境的开发建设。为此，业界提出了旅游持续发展和旅游环境保护周期循环模式以及旅游环境质量的全面管理和保护设想，以期寻求发展与保护这对矛盾对立面的完美与和谐的统一。要使旅游得以持续发展，除了合理开发、建设和保护旅游业赖以生存和发展的旅游硬环境，还要特别重视软环境的建设；要使旅游目的地可持续发展，保持旺盛的生命力，关键是要树立与维持旅游目的地在旅游者心目中良好的旅游环境形象，即旅游环境决定旅游目的地的形象。

3. 促进旅游产业链的和谐发展

旅游业综合性强、关联度高、拉动作用突出，囊括行、游、住、食、购、娱六大产业要素，涉及29个经济部门，直接和间接影响细分行业109个，不仅直接拉动了民航、铁路、公路、商业、食宿等传统产业，也对国际金融、仓储物流、信息咨询、文化创意、影视娱乐、会展博览等新型和现代服务业发挥着重要的促进作用。良好的行业管理环境、制度环境、融资环境、政策环境、信用环境和人才环境是打造旅游产业链的重要保障。旅游软环境质量的提高能促使旅游产业价值链相关的信息服务、文化、教育、会展、中介服务业、金融保险等现代服务业的发展，进一步促进旅游产业和其他相关产业的结合、交流和合作，以使旅游及其相关产业形成一个完整的产业链，促进彼此之间和谐发展。

4. 提升旅游资源的品位和文化内涵

旅游活动是一种文化的、精神的活动，在旅游消费过程中，旅游者更加注重的是心理和精神需求的满足，是建立在物质需求基础上的高层次和深层次的东西，而文化的、精神需求的满足与软环境息息相关，旅游软环境的建设能够提升旅游资源的品位和文化内涵。

纵观我国各地的旅游发展，普遍存在人文"短腿"现象。在旅游市场中，景观与配套设施的硬件建设可以一劳永逸，而人文环境的软件建设则需要长时间的培养。薄弱的人文环境首先需要政府的管理、引导，这是关键，其次逐步让每个旅游区的个体逐渐形成自觉的行为。

实训 1　旅游软环境认知实训

一、实训目的

通过实训，学生能够了解旅游软环境内涵及其建设的重要性。

二、实训要求

1. 认真理解旅游软环境的内涵及旅游软环境建设的重要性。

2. 尝试为指定景区设计制作一份软环境游客满意度网上调查表。

三、实训时间

本实训环节共 2 学时 90 分钟，调查问题设计 60 分钟，网上问卷填入 30 分钟，答卷汇总、调查小报告放在课后完成。

四、实训方式

1. 全班分为 5 个小组。

2. 教师指导学生理解旅游软环境的内涵及旅游软环境建设的重要性，选定当地一处 A 级景区，从网上了解景区概况，从旅游软环境包含的四个方面，为景区设计一份游客满意度网上调查问卷。

3. 回收调查问卷汇总统计

4. 写一份汇总调查小报告。

五、实训评分

实训指导教师根据学生设计的调查问卷及报告按百分制记分，调查问卷 70 分，小报告 30 分。

六、评分表

旅游软环境认知实训测评表

组别：＿＿＿＿＿＿＿　　姓名：＿＿＿＿＿＿＿　　时间：＿＿＿＿＿＿＿

项目		标准分	教师评分
旅游软环境认知	问题设计	50	
	网上问卷制作	20	
答卷汇总	汇总报告	30	
合计得分			

考核时间：　　年　月　日　　考评教师（签名）：

第二节　迪士尼的启示——旅游服务环境建设

一、围绕游客的经营理念

迪士尼乐园之所以成功，就在于在其经营过程中始终贯穿着人本思想，贴近市场、贴近需求，一切考虑以游客为主，充满人性与温情是其成功的重要条件之一。

提到迪士尼乐园，在人们脑海中首先呈现的是其如同梦幻仙境般的环境和热情洋溢的员工等画面。慕名而来的游客来到迪士尼乐园，仿佛走进了童话的世界。各种娱乐项目和精彩表演，让前来的人们沉浸在欢乐的氛围中。

有人说，迪士尼乐园取得如此巨大的成功主要是因其丰富美妙的主题、设计独特的建筑和周到细致的服务，让每一位游客在其乐园中都能够陶醉于迪士尼所设计的梦幻王国之中。实际上，到过全球任何一家迪士尼公园的游客都会发现，每一个迪士尼乐园的主题概念都非常鲜明，几十年来，迪士尼乐园不断推出以童话故事、科学幻想为主题和背景的卡通形象。从最初的米老鼠和唐老鸭到后来的加勒比海盗系列，到现在最火的《冰雪奇缘》中的安娜公主和艾莎公主，各种卡通形象深入人心，这些卡通形象有自己鲜明的性格特征，有着自己的故事，活灵活现地展现在游客的眼前，吸引着大量游客。迪士尼乐园成功的重要原因是依靠创意主题来推动旅游产品。

实际上，主题只是一个乐园发展的基础和依托，对于一个娱乐、休闲场所来讲，人性化服务才是王道，迪士尼乐园的成功之处，不仅在于其有高科技所提供的娱乐硬件，更重要的在于其服务质量管理的经验和软件，核心部分是迪士尼的经营理念和质量管理模式，具体包括：营造欢乐氛围、给游客以欢乐、鼓励全员创新、把握游客需求、提高员工素质和完善服务系统等诸要素。迪士尼始终在关注游客最想玩什么，最想感受什么，并将这些需求体现在它的娱乐项目设计中，同时还充分考虑当地人的文化特点和需求，来进行乐园项目的设置和建设，力争在游客的心中，创造一个充满人性温情、充满快乐的乐园。

迪士尼长盛不衰的秘诀可归结为以下六大经营理念。

1. 营造欢乐氛围

由游客和员工共同营造迪士尼乐园的欢乐氛围。在共同营造园区氛围中，员工起着主导作用。主导作用具体表现在对游客的服务行为表示上。这种行为包括微笑、眼神交流、令人愉悦的行为、特定角色的表演，以及与顾客接触的每一个细节上。引导游客参与是营造欢乐氛围的另一种重要方式。游客们能同艺术家同台舞蹈、参与电影配音、制作小型电视片等，引导游客进入一种欢乐无比的世界氛围中。

2. 给游客以欢乐

整个迪士尼经营业务的生命力，在于能否使游客欢乐。因此，给游客以欢乐，成为迪士尼乐园始终如一的经营理念和服务承诺。迪士尼懂得，不能让游客失望，哪怕只有一次。公司"给游客以欢乐"的经营理念，必须转化落实到每一位员工的具体工作中，成为员工们的工作理念和服务承诺。为了实现服务承诺，迪士尼公司花大力气，对员工工作表现进行评估和奖励。凡员工工作表现欠佳者，将重新培训，或将受到纪律处罚。

3. 鼓励全员创新

有位工作人员想出了好点子，想要戴一个米老鼠的大手套和游客击掌。还有些员工提出要在迎宾处吹泡泡，他们觉得这样做更能吸引孩子们。一个小小的创意，就使得员工与游客之间的关系更加亲密、更加和谐，而这些吹泡泡、戴大手套等新奇的创意服务全都来自员工。

今天，迪士尼能把主题乐园打造得如此成功，得益于员工们创意式的服务与全体员工的创新。迪士尼为了创新，甚至雇用了来自世界各地的大学生。他们从事不同的基层工作，和游客打交道。大家带着各自的文化背景、思维方式和新鲜的想法来到迪士尼，为迪士尼的创新型服务而奉献力量。这种鼓励全体员工去创新的方式使得游客得到了热情的服务与美好的回忆，员工们得到了尊重与个人价值的实现，并在玩乐中完成了原本无聊辛苦的工作。

4. 把握游客需求

为了准确把握游客需求，迪士尼致力研究"游客学"。其目的是了解谁是游客，他们的起初需求是什么。在这一理念指导下，迪士尼站在游客的角度，审视自身每一项经营决策。营销部重点研究游客们对未来娱乐项目的期望、游玩热点和兴趣转移。同时，信息中心储存了大量关于游客需求和偏好的信息，其中最重要的信息是游客离园时进行的"价格/价值"随机调查。正如华特·迪士尼先生所强调的，游园时光绝不能虚度，游园必须物有所值。因为，游客只愿为高质量的服务而付钱。其中，现场走访是了解游客需求最重要的工作。管理上层经常到各娱乐项目点上，直接同游客和员工交谈，以期获取第一手资料，体验游客的真实需求。同时，一旦发现系统运作有误，及时加以纠正。

5. 提高员工素质

迪士尼的管理者努力使员工们懂得，这里所做的一切，都将成为世界娱乐业的主流和里程碑。迪士尼为员工制定5~10年的中长期人力资源规划，每年更新一次；每年还拨出足够的经费预算，进行人员培训。迪士尼乐园中的每个工作岗位，都有详尽的书面职务说明，工作要求明白无误，细致具体，环环紧扣，有规可循，同时强调纪律、认真和努力工作。每隔一个周期，严格进行工作考评。如此可以统一服务处事原则。而服务业成功的秘诀在于每一员工对待顾客的正确行为和处事。迪士尼认为，服务质量应是可触摸、可感受和可体验的，并且游客掌握着服务质量优劣的最终评价权。公司指出，游客们根据事先的期望值和服务后的体验，加以比较评价，然后确定服务质量之优劣。因而，迪士尼教育员工，一线员工所提供的服务水平，必须努力超过游客的期望值，从而使迪士尼乐园真正成为创造奇迹和梦幻的乐园。

6. 完善服务系统

小到一台电脑，大到电力系统、交通运输系统、园艺保养、中心售货商场、人力调配、技术维修系统等。这些部门的正常运行，均是迪士尼乐园高效运行的重要保障。此外，迪士尼乐园在经营中力求完善，不断改进和提高。任何时候，整个乐园中都有10%~20%的设施正在更新或调整，以期给予游客新的刺激和欢乐。尽管追求完善永无止境，但通过追求完美的努力，可将工作推进到更高境界和标准。

二、迪士尼的细节服务

在服务理念中，迪士尼公司最注重的是细节，而且迪士尼成功地把细节作为金字招牌推向全世界。迪士尼公司服务中非常注重细节，常常把工作做到细微的地步，这是迪士尼文化给予员工的基本素质和要求；也正是迪士尼的这一要求，表现在每个员工身上便是一种注重细节，在每一个细微的环节中让游客感到舒心、放心的文化。创始人华特曾说过："我们不用考虑钱的多少，我们需要考虑的是东西的好坏。我的理念是：只要东西好，我们就可以把大众吸引过来。"因此，在建设景园过程中，华特始终要求做到尽善尽美。他经常仔细检查每一个细节，有时他会蹲下来感觉一下儿童是否看到园内的景色。有一次，华特乘火车观看园中各处景观，发现树木会挡住火车上游客的视线，于是他决定把已经种好的树木挖起来，并后移50米。据调查发现，在迪士尼乐园，平均每天大约有2万游人把车钥匙反锁在车里，于是公司雇用了大量的巡游员，专门在公园的停车场帮助那些将钥匙锁在车里的家庭打开门，无须给锁匠打电话，无须等待，也不用付费。

当人们感叹迪士尼取得的成功时，没有人意识到，迪士尼公司在细节方面所花费的无数心血。迪士尼公司的创始人华特·迪士尼凭借一双艺术家的眼睛，意识到对细节的注重是实现他梦想的关键。

比如，在电影《白雪公主和七个小矮人》中有一个情节：一滴水珠从肥皂上滴下来，观众可以看到闪闪发光的泡沫在烛光中闪烁，而不是像其他电影一样只能看到从肥皂上掉下来的水滴，这些闪烁的泡沫是这部动画电影中的一个非同寻常的细节，给观众带来审美享受。为了追求这个小小细节的完美，迪士尼不惜重金邀请专业人士来专门制作。

迪士尼乐园也许更能体现华特对细节的关注，任何一个角落都逃不过华特追求完美的眼睛。他甚至规定迪士尼乐园的垃圾箱要严格地按照每 25 英尺放一个来设置。他用高质量的油漆粉刷过山车，甚至有时会用真正的金粉和银粉来粉刷建筑物。他雇用专门的人在迪士尼乐园中巡逻，以确保公园中所有的颜色都是协调的。这位娱乐业的巨头意识到整个包装、颜色、声音、味道都会对客人们观看表演产生冲击。

华特在阐述迪士尼的细节服务理念时说，一家生意兴旺的饭店因为一个不协调的因素就可能走下坡路。尽管这家饭店的食品是一流的、服务是一流的、装饰也是一流的，但是因为它播放的音乐不合食客的口味，食客就可能对这顿饭感到不满意——一个小小不协调的因素就可能将整个苦心经营的饭店形象破坏掉，而迪士尼不想冒这种风险。

"我们如何能做得更好？"这是迪士尼历任领导者都要问的问题。华特有一天到迪士尼丛林一个景点游玩，过后很生气，因为这个景点的广告上说这趟旅行大约要花 7 分钟，他计算了一下时间，发现只要 4 分钟。这样，很容易让客人感到自己被欺骗了。这不仅违反了迪士尼的文化价值观，也没达到华特的质量要求，他命令立即给这趟旅行加长时间。他解释说，细节粗心大意是不可容忍的，这样的态度会使客人们怀疑迪士尼的信誉。

为了维持全公司对细节的关注度，迪士尼有很多办法，比如管理阶层每年都要接受一周所谓"交叉上岗"的训练活动。在整整一个星期的训练期间，迪士尼的主管们换下平时上班的装束，穿着各式各样的道具服，在几百个最基层的岗位中任意挑选，在游乐场客串清洁工、售票员，或者充当导游，替游客停车收费等。在第一线体验过程中，全面听取游客的意见和投诉，检讨各个角落中可能存在的问题，在全公司上下形成对细节的体会和重视，使公司所有员工都能有一种责任感。另外，迪士尼非常注重员工的上岗培训，务必要求每个员工所代表的细节都达到完美，就连迪士尼乐园的清洁工都要受到迪士尼大学的 4 天额外培训，以确保他们对客人游览时提出的各种问题能够给予积极、亲切的回答。为了使受众在迪士尼体验神奇的经历，迪士尼在细节方面投入了大量的注意力，在维持最低利润和追求完美之间小心地寻求平衡。他们是这样看待投入的：对细节的格外注意将带来工作人员引以为豪的高质量产品，工作人员对自己的产品感到骄傲，就会把这种自豪化作优质服务再传递给顾客。

三、员工培训——将让员工快乐作为让顾客快乐的前提

迪士尼乐园让人们流连忘返、乐不思蜀的重要原因，就是世界一流的顾客服务。你只要走进迪士尼，就会发现迪士尼乐园每天都像新的一样，每一个服务人员脸上都充满

了笑容、对客人非常尊重。迪士尼认为，要想让顾客快乐，首先得让员工快乐起来。因此，非常重视员工素质的培养。

迪士尼的哲学观是：If you can dream it, you can make it.（只要有梦想，你就可以实现。）迪士尼的创始人华特·迪士尼（Walt Disney）经常放在嘴边的一句话就是："你可以梦想、建造世界上最漂亮的地方，但所有的这些需要有人才能完成，你们就是我们的将来。"迪士尼世界的演艺及服务水准世界一流，迪士尼员工的微笑处处可见，这一切都与这种以人为本的企业文化密不可分。

1. 理念培训——让员工理解工作目的

只要是具有缔造"能够互相认同的专业水准"的团队意识的企业或店铺，经营者及现场的负责人必定对于组织或团队的使命有清楚的认识。只要把这样的认识在全体员工中普及开来，这家企业或店铺便能在所在的业界、地域获得与迪士尼一样的好评。

服务质量的差距，取决于是否具有使命感。如果是迪士尼，一定会这么做：首先，明确制定店铺的使命（职责）。把使命内容传达给每一位员工，不断培养员工的使命感；树立店铺的良好风气，让每位员工都思考"自己的使命是什么"。

其次，让每个员工理解企业理念的重要性。追本溯源，使命究竟是什么呢？对于迪士尼而言，其事业的使命（目的）是"Give Happiness（给予幸福）"。Give Happiness，简单来说，就是提供幸福感。而给予幸福的对象，并不仅仅是游客，还包括员工在内。因此，员工的目标不仅仅是让游客拥有幸福感，还要让自己的同事们也拥有幸福感。

一旦被迪士尼乐园录用，正式员工也好，作为临时工的非正式员工也好，一开始的研修内容都是接受以"欢迎来到迪士尼大家庭"为主题的理念培训。具体来说，就是接受为期一天半的培训，学习"何为 Give Happiness"。

员工会学习迪士尼乐园的历史。华特·迪士尼为何要建造主题公园？其目的是"Give Happiness"，即为了向世人提供幸福感。在一开始，就让员工彻底地了解这些基础性的内容。剩下的时间，则向员工传达其所属工作岗位的相应事业使命。例如，如果员工将被分配到商品部（负责销售纪念品的部门），简单来说，"让游客把在迪士尼乐园内的美好回忆带回家"便是其使命所在。这便是迪士尼的员工们一开始所接受的培训。其目的是让员工理解工作的目的是为了追求理念。换言之，是让员工懂得：真正的工作内容应该是"Give Happiness"。

2. 思维方式——工作和作业是两码事

新人员工会学习各种作业内容和技巧，之后会在岗位上开展工作。以被分配到餐饮店的员工为例，洗盘子、烹饪、上菜……他们必须记住这些作业内容和技巧，并且出色地完成。但这些说到底只是作业，而非真正的"工作"。这样的理念在一开始就向员工传达了。

在不知不觉中，"作业"成了"工作"本身。例如，"今天好累，不过好在酱油拉面卖得不错"，"由于努力推荐菜式，作为新品的某某拉面卖出了好几碗"，等等，在华特·迪士尼看来，这些只是理所当然应该完成的"作业"，而非"工作"。因为"这碗拉面是否让客人吃得开心"才是重要的。比起眼前的营业额，增加回头客才是做生意时更应该重视的事情。只有让客人吃得开心，才算是完成了工作。

华特·迪士尼希望员工在工作时能够时刻思考"自己为什么要做这份工作"。这是一切的基础，比知识和技能重要得多。比如思考"这份工作为何会存在"，以及更为深层次的"为什么在茫茫人海中，偏偏是我从事这份工作"之类的问题。

"既然接受了这份工作，就要在工作岗位上发挥自己的独特才能，或者思考自己能够发挥怎样的独特才能。这既是为了客人也是为了一起工作的同事。"通过向员工灌输这种思想，等于是赋予了员工工作的意义。

从某种意义上讲，这等于是在一开始就给员工打了一针强力的"兴奋剂"。作为其结果，员工能以充满活力和热情的状态享受工作，从而爱上自己的工作岗位。技术和技能固然重要，但首先要让员工明确自身工作的意义所在。这便是迪士尼的思维方式。

经常有人评价"迪士尼的员工充满活力""迪士尼的员工总是面带笑容"，等等。其实迪士尼并没有对员工进行有关微笑和问候的专门培训。但工作人员会不断地主动思考"这份工作为何会存在?""自己为什么会在这里做这份工作?"以及"自己能实现怎样的'Give appiness'?"之类的问题，这才是迪士尼乐园的员工与其他从事服务业的企业员工之间的最大差别。

四、迪士尼对旅游服务软环境建设的启示

旅游服务软环境是提升旅游品牌形象的必要条件，是提高旅游品牌竞争力的迫切需求。迪士尼乐园一直被人们称为是世界上最快乐的地方，面对中外众多的主题公园纷纷面临关门大吉的今天，迪士尼乐园为何屹立不倒，是我们应该研究和探讨的问题。无疑，迪士尼乐园的成功之道主要取决于其经营理念及其在运营过程中的始终贯彻。美国迪士尼乐园成功的经营理念，为我们打开了智慧的窗口，更多的是成功经验的借鉴和学以致用。

迪士尼的意义，在于文化。迪士尼进入中国以后，改变的可能不仅仅是一个行业，除了对工程建设制作技术、乐园管理和服务水平的看得见的提升外，还有对旅游习惯、消费观念和法治意识等软环境的冲击，后者的影响才是深远的。

【参考阅读】

迪士尼的快乐培训

1. 游戏面试

面试前半小时，迪士尼会给每一位应聘者介绍迪士尼的卡通人物，通过问答的方式营造轻松愉快的气氛。迪士尼的工作人员会将小巧的迪士尼卡通玩偶送给回答正确的应

聘者，获得玩偶的应聘者更有可能被聘用。接下来是考试，除了必须进行的英文考试之外，一个重要的方面就是微笑。考官会留心观察候选者的面部表情，候选者善于通过微笑表达友善并制造快乐的能力在迪士尼看来可能比英文能力更为重要。

2. 快乐培训

迪士尼非常注重员工的满意度。迪士尼大学门口有一块很醒目的、嵌着闪亮星星的牌子，上面写着"Welcome to Disney University——Where you are the star"（欢迎来到迪士尼世界，在这里你就是那颗闪烁的星星）。而且在培训期间，迪士尼公司会按照课时付给员工工资。老师授课时也非常注重员工的参与度，并且注重学习的游戏性。这些细节保证了员工拥有快乐的心情，并且最终将这种快乐带给游客。Disney 的培训分为三阶段，分别是 Tradition（传统）、Discovery Day（探索迪士尼）和 On-work Training（岗位培训）。

第一阶段的 Tradition 是在迪士尼大学完成的。Tradition 培训是关于迪士尼文化、历史、现状、迪士尼服务水准、待客之道、各项制度、员工须知等内容。

有一个小细节也许能够说明 Tradition 这个阶段的重要性。在迪士尼，员工在公园里经常被小朋友问这样的问题："公园里有几只米老鼠？"问问题的小朋友也许在早上刚进公园时遇到米老鼠，和米老鼠合影了；中午这位小朋友到了公园的另外一个区用餐时又遇到了一只米老鼠；也许还会在另外一处遇到另外一只。我们的答案是什么呢？3 只，或者更多？正确的答案是："一只米老鼠，他跑到这吃奶酪来了。"这是大家非常喜欢的一句"真实的谎言"。

迪士尼的培训课程丰富多彩，涵盖各种语言培训、个人职业发展、Merchantainment（购物+娱乐，一种标准的体验经济营销方式）等。迪士尼大学还训练员工观察每一位顾客，以便根据不同顾客对欢乐的不同感受，主动提供相应的服务。当课程结束时，老师对员工说："你们即将走上舞台，记住神奇的迪士尼，创造并分享神奇的一刻，每天的迪士尼都不同一般，不一样的天气，不一样的观众，但迪士尼的服务及演艺水准始终是一样的。"在迪士尼上岗被称为"在舞台上"，员工被称为"Cast Member"。在迪士尼没有顾客，只有客人。

第二阶段是 Discovery Day（探索迪士尼）的培训，这一部分的重点是让员工通过实地考察熟悉迪士尼的文化。老师带领学员到各个公园实地考察，参与各项娱乐活动。记得在 Epcot（迪士尼世界四大主题公园之一）有一个 Cool Station，像是一个大冰窟，在里面你可以喝到来自世界各国的 20 多种饮料，中国的"醒目"汽水也在其中，大家把它叫作"畅饮世界"（Drink Around the World）。

第三阶段是 On-work Training（在岗培训）。这是员工的 Show Time。当然，不是叫员工上台唱歌跳舞，这只是迪士尼的形象说法而已。在岗培训从入职开始就未曾间断过，这些培训包括：技能培训、紧急事变应付、如遇到炸弹恐吓、Y2K 的应变（Y2K 是 Year 2000 即公元 2000 年的缩写，俗称"千年虫"）、游客满意服务（GSM）等等。在迪士尼大学，图书馆不叫 Library ，而是被称为 Center of Excellence，即卓越中心。在这里你还可以获取许多其他培训资料与信息，有学习用的光盘、录像带、培训教材的磁带、各式有关迪士尼文化、表演艺术、动画艺术的图书等。

3. 神秘评估

在迪士尼，有3个月的试用期时间来决定员工是否合适这项工作，所以前3个月的工作表现很重要。各业务部门培训经理（Training Manager）会指导员工的工作并负责考核。另外公司还会专门指定一位上司作为你个人的"家教"（Home Manager），负责个人事务的咨询及生活指导。

迪士尼有一个专门的部门被称为"战略信息及商业分析部门"（Strategic Information and Business Analysis Division）。该部门的工作人员通常被员工称为 Secret Shopper（神秘游客）。他们不定期对各个娱乐点，各个部门的员工进行明察暗访。他们通常会扮成一个普通客人，在和你接触的过程中，询问员工必须掌握的专业知识，观察员工在岗位上的表现是否符合工作流程，查看员工对工作环境的维护，记录员工对客人、对小孩的态度等。在之后的一周内，被"盯"上的员工所在的部门负责人和员工本人会收到这份评估报告。这个调查不是针对某一个人，任何一个人都有可能被当作调查对象。也许你运气好，那天不上班，这样你的同事就会被调查，在一年里你也许会被"盯"上好几回。工作有时也像打比赛一样，自己表现不佳，或者不在状态时，会给自己带来麻烦，所以在迪士尼工作，主、客观上都是要积极和努力向上的。

4. 职业关怀

迪士尼对员工有很多激励、感谢的措施和很好的福利，这种机制是迪士尼的员工时刻用微笑迎接客人的重要保障。迪士尼每年都为工作一年以上的员工子女设立了迪士尼奖学基金。工作一年以上、五年以上、十年以上的员工都会得到一枚不同级别的米老鼠勋章，用来表达对员工成就及忠诚的肯定和表彰。

迪士尼公司非常注重对员工家庭的关怀，即 Family Fun。每个员工的工作都离不开家庭的支持，工作满三个月的员工都可得到公司发送的4张可全年使用的能进入任何一个主题公园的门票，这张门票为电子票，每次与员工的身份证一起使用，且每次能带3人入园。员工每次有亲戚朋友来，他都能很自豪地带家人朋友到迪士尼游玩。

迪士尼招收新员工时的口号是：Follow me to the best job in the world（跟着我，你会得到一份世界上最好的工作）。迪士尼深知：没有快乐的员工，哪来快乐的顾客？欢乐＝财富！这也是这个世界最著名的娱乐业品牌的企业精神所在。公司每年会召开一次"员工大会"，向员工颁发 R. A. V. E. 奖（迪士尼传奇奖——R-respect. A-appreciate V-value E-everyone）。因为在迪士尼的工作人员来自世界各地，代表不同的文化。大家相处要学会互相尊重、互相包容，这也是迪士尼企业文化提倡的"Diversity"（多样生存，四海一家）。在迪士尼的员工手册上有一条关于"平等就业机会"的条文：对所有职员、求职者、公司不以种族、宗教、肤色、性别、年龄、国籍、生理缺陷等作为聘用提升的考虑

因素。这种包容性的文化保证了迪士尼的创造力和活力，并最终成为企业最宝贵的竞争力。

5. 社会责任

迪士尼是全球十大品牌公司之一，仅品牌价值就有 280 亿美元。迪士尼很注重对社会的贡献。迪士尼的商业行为规范规定："我们承诺在履行法律的责任和承担应尽义务的同时，保护环境及自然资源。"迪士尼公司每天晚上都有一项称为 Disney Harvest 的活动。

通过收集在各个公园当日未售出的食品，封好送到周边的五个县里，供慈善机构次日发放给需要帮助的人们；迪士尼与当地红十字协会（Blood Drive）机构合作在员工中提倡无偿献血；与麦当劳合作（又称 MM 合作，因为 M 是麦当劳的标志，也是米老鼠的标志），为全国各地成绩优秀的学生共同主办奖励旅游的活动。迪士尼的领导人知道，一个企业要生存发展，一定要融入整个社会中去，让社会认可，才有发展前景。而且，迪士尼要求其合作伙伴（Business Particiants）也要如此。

6. 以人为本

每个员工毕业前有一周的时间叫"Shadowing"（影子）。在这段时间里，员工的穿着要和上司一样，系领带，手里拿着对讲机，和他一起工作，看他是如何管理园区的各项事务。从培训那一天起，迪士尼就不仅仅局限于将你培养成一名合格的员工，而是要把你培养成一名真正的职业经理人。Disney 的品牌不仅是一个名字、形象、它还代表一种承诺、一种标准、一种文化。这种以人为本的企业文化与价值观在迪士尼处处可见。

譬如，迪士尼非常注重员工创造性潜能的挖掘。在员工工作一段时间后，会被安排一段 Project Time（项目时间）。员工在这段时间内不必正常上班，但需要完成公司交代的某个主题，如：怎样提高客户服务、改进工作流程、创造新项目等。在知识时代，企业和员工都是学习者，企业不能用先前的知识和经验来培训员工，"企业素质，企业智商"的提高很大程度上取决于"员工素质，员工智商"的提高，人才资本的投资是企业发展最有效的投资。过去，我们常提倡"让员工跟着企业一起成长"，在知识化、信息化的 21 世纪，企业应该跟着员工一起成长。

资料来源：http：//3y. uu456. com/bp-sed8ds1cff00bedsb9f31d0c-1. html.

实训 2　旅游服务环境建设认知实训

一、实训目的

通过实训，学生能够从迪士尼的服务管理中理解旅游服务管理在景区生存与发展中的重要作用，理解迪士尼管理的核心理念。

二、实训时间

本实训环节共 2 学时 90 分钟，学生分组讨论 60 分钟，学生讲演表述 15 分钟，指导教师点评 15 分钟。

三、实训方式

1. 全班分为 5 个小组。

2. 课前认真收集和阅读迪士尼管理相关资讯。

3. 分组讨论，小组抽签选择讨论题，从旅游服务软环境角度讨论。

（1）如果你是景区管理者，你如何向员工传递迪士尼的"围绕游客的经营理念"？

（2）迪士尼在细节方面投入了大量的精力，在维持最低利润和追求完美之间谨慎地寻求平衡。选择一个经营举步维艰的主题公园，根据现状，探讨如何维系这种平衡？

（3）服务质量的差距，取决于是否具有使命感。选定一处熟知的景区，假如你即将接管，你如何为你的企业去建立这种使命感？

（4）"工作和作业是两码事"，在未来的职业生涯中你将如何去学习构建这种思维方式？

（5）如果你要去迪士尼应聘，你觉得迪士尼最吸引你的是什么？

4. 分组完成讨论记录，每组派一名代表表述自己的观点。

四、实训评分

1. 实训指导教师根据学生讨论的积极性评分。

2. 按百分制记分，讨论 80 分，表述观点 20 分。

五、评分表

旅游服务环境建设认知实训评分表

组别：_____　　姓名：_____　　时间：_____

项目		标准分	教师评分
讨论	讨论积极性	40	
	讨论切题	20	
讲演表述观点	讨论有见地	20	
合计得分			

考核时间：　　年　　月　　日　　考评教师（签名）：

参考文献

［1］董观志. 现代景区经营管理［M］. 大连：东北财经大学出版社，2008.

［2］王瑜. 旅游景区服务与管理［M］. 大连：东北财经大学出版社，2009.

［3］阚如良，邓念梅. 新编旅游景区管理［M］. 天津：南开大学出版社，2008.

［4］王昆欣. 旅游景区服务与管理［M］. 北京：旅游教育出版社，2004.

［5］付军. 风景区规划［M］. 北京：气象出版社，2013.

［6］高峻. 旅游景区开发与管理［M］. 大连：东北财经大学出版社，2010.

［7］王庆国. 旅游景区经营与管理［M］. 郑州：郑州大学出版社，2006.

［8］吴国清. 中国旅游地理［M］. 上海：上海人民出版社，2012.

［9］崔凤军. 风景旅游区的保护与管理［M］. 北京：中国旅游出版社，2001.

［10］李俊清. 保护生物学［M］. 北京：科学出版社，2015.

［11］栾晓峰. 自然保护区管理教程［M］. 北京：中国林业出版社，2011.

［12］张光生. 旅游环境学［M］. 北京：中国科学技术出版社，2009.

［13］雨欣. 迪士尼乐园的经营理念［J］. 公关世界，2006，（12）：39-41.

［14］大住力. 服务的细节022：迪士尼店长心法. 北京：东方出版社，2014.

［15］黄堃华. 亲历迪士尼培训［J］. 中国职业技术教育，2006，（06）：55-56.

附件：

上海师范大学天华学院旅游课程材料开发项目
专家评审意见表

关于上师大天华学院编写的《景区解说服务》《景区接待服务》《景区环境管理》《景区纪念品营销》《景区设施维护》《景区票务处理》六本实训教材，我进行了认真审阅并提出了修改意见。

我认为这六本实训教材编写有以下特点：

一、编写的教材理论与实践相结合，对学生来说，既有理论知识，又有实践经验；

二、编写的教材整体与系统相结合，既有景区内容的整体性，又有景区系统性知识；

三、编写的教材适应市场需求，许多景区都需要熟悉景区的人才，这样的毕业生更具备市场竞争力；

四、编写的教材针对性强、专业性强，专门为旅游景区量衣定制；

五、编写的教材为我国旅游学校填补了空白，没有一家旅游学校专门设置这些课程。

专家签名：童振选

（上海市旅游景点协会会长）

2016 年 12 月 9 日

策划编辑：段向民

责任编辑：孙妍峰　黄　鹤

责任印制：谢　雨

封面设计：何　杰

图书在版编目（CIP）数据

　　景区环境管理／程葆青主编 . --北京：中国旅游
出版社，2017. 6
　　景区管理应用型规划教材
　　ISBN 978-7-5032-5804-6

　　Ⅰ. ①景… Ⅱ. ①程… Ⅲ. ①旅游区—环境管理—高
等学校—教材 Ⅳ. ①F590. 6②X322

　　中国版本图书馆 CIP 数据核字（2017）第 079385 号

书　　名：景区环境管理

作　　者：程葆青主编

出版发行：中国旅游出版社
　　　　　（北京建国门内大街甲 9 号　邮编：100005）
　　　　　http：//www. cttp. net. cn　E-mail：cttp@ cnta. gov. cn
　　　　　营销中心电话：010-85166503

排　　版：北京旅教文化传播有限公司

经　　销：全国各地新华书店

印　　刷：北京明恒达印务有限公司

版　　次：2017 年 6 月第 1 版　2017 年 6 月第 1 次印刷

开　　本：787 毫米×1092 毫米　1/16

印　　张：8

字　　数：168 千

定　　价：29. 8 元

ISBN　978-7-5032-5804-6